知的生きかた文庫

ためない練習

名取芳彦

三笠書房

はじめに――「減らす、捨てる、片づける」ヒント

「生きることは、物が増えていくことである」と思うことがあります。数十年かけて集め、集まり、増えてきた品々……人はその中で生きていると言ってもいいでしょう。それらは、過去の想い出としてとってある物、現在の生活を充実させるための物、将来に備えて保管してある物です。自分の過去・現在・未来にかかわっているので、なかなか減りません。否、減るどころかますます増え、たまっていきます。

こうした物がたくさんあると人生が充実するかと言えば、残念ながら、そうはいきません。部屋がごちゃごちゃして整理がつかず、その結果ストレスがたまり、心の中までごちゃごちゃしてきます。

物だけではなく、人づきあいや、こだわりも同じ。

たくさんの友達とつきあえば、自分の時間がなくなります。「自分より他人を優先すべきだ」「他人よりまず自分のことを考えるべきだ」とこだわれば、シンプルな生き方、臨機応変な生き方がむずかしくなり、心のモヤモヤが晴れることはありません。

そんなときは、イソップ寓話の『犬と骨』を思い出すといいと思います。この話は子ども向きではなく、大人向きだとつくづく思うのです。

池の橋の上を通りかかった、骨をくわえた犬。水面に映った自分の姿を見て、別の犬が骨をくわえていると思い、その骨も欲しくなります。そこで水面に向かってワン！　そのとたん、自分の骨が水の中に落ちてしまいます。

このように、**必要以上にためこもうとすれば、すでに持っている大切な物をなくしてしまう**おそれがあります。

せっかく広い空間があるのに狭くしてしまい、せっかく自由な心を持っているのに「まだ足りない」「もっと欲しい」と集め、ためこめば、大切にしていた物がどこかに埋もれてしまいます。

たくさんの物、高価な物、お金や友人の多さ、知識の豊富さを鎧代《よろい》わりにして、弱い自分を補強しようとする人は、私だけではないでしょう。

しかし、鎧をつけていれば自由に動けません。ストレスもたまります。心のモヤモヤも内にこもったままです。ですから、**重荷になる鎧は、一つひとつパーツをはずしていったほうがいい**のです。


その鎧をはずす作業が、本書でご紹介する「ためない」練習です。

本書は仏教を土台にして、集めよう、増やそう、とっておこうとする心の正体を明らかにし、ストレスや心のモヤモヤを解消していただきたいと思い、書きすすめました。

また、ストレスと心のモヤモヤの原因になっている、すでに集め、増やし、とってある物を減らしていくための具体的な方法もご紹介しました。

たくさんある項目の中で、いくつか実践練習していただいて、「最近、心も体も軽快になった」と感じていただければ、筆者としてこんなに嬉しいことはありません。

名取芳彦

もくじ

1章　「ためこむ」のは、毒なのです
――お金も、物も、ストレスも

2章

人間関係に必要な、この「余裕」

――そんなこと、気にしない

3章

生活の〝贅肉〟をそぎ落とすヒント

――「それ」は、あなたに必要ない

4章 仕事のコツは「引き算」にあり
――〝フットワーク〟を軽くする方法

5章 少しずつ「足るを知る」練習
――「手ぶらで生きる」仏教の智恵

編集協力――岩下賢作

1章

「ためこむ」のは、毒なのです

――お金も、物も、ストレスも

人生は〝身軽〟が一番いい

「過ぎたるは猶《なお》及ばざるが如し」は論語の言葉。弟子の一人が「弟子のAとBは、どちらが優秀ですか」と尋ねると、孔子は「Aはできすぎだし、Bはまだまだだしねぇ。まあ〝できすぎ〟は〝まだまだ〟と同じように厄介だね」と答えて、物事の中庸を説きます。眼から鼻へぬけるような頭の回転が速い人も、ぼーっとしている人も社会を生きていくには、何かと困難がつきまといます。

これは、人物についてだけ言えることではありません。お金も、物も、人も同じこと。分相応のお金があれば、それ以上は不要でしょう。持ちすぎるとお金目当ての浅ましい輩《やから》がまわりに群がり、安心していられません。お金が足りなくても安心できませんから、まさに「過ぎたるは猶及ばざるが如し」です。持ちすぎは、心身の自由を奪います。

テレビでは、ときどき「ゴミ屋敷」の問題を扱いますが、その特集を見るたびに「程度の差こそあれ、自分の部屋も人から見ればゴミ部屋だ」と反省するのは、私ばかりではないでしょう。生活に事欠くような物不足も困りますが、ありすぎも私たちの心を不自由にします。ゴミ屋敷の主は心の窮屈な人が多い気がします。

人についても同様で、営業なら仕方ありませんが、SNSなどで一般の人が友達数百人というのを見ると、我武者羅《がむしゃら》に友人を増やそうとしている裏に、何か人間的な苦悩か欠陥があるのではないかと疑いたくなります。本当ならそのままの自分でいいのに、自分が小さいと思って知り合いの多さで隠している気がします。

私たちは、一度何かを手にすれば、それを失うのを恐れます。それが仏教でいう執《しゅう》着《じゃく》につながります。執着すれば心は自由になれません。多くの物を手に入れると、それだけ執着の数も増えますから、いつもあちこちに目を配り、無くなりはしないか、取られるのではないかと心配しつづけることになります。

仏教では、出家者には「何も持たないほうが気が楽です。心がおだやかでいられますよ」と説きますが、一般の人にまで清貧を勧めているわけではありません。**お金も、物も、人も、適度な量を心がけることが大切**だと説くのです。

持ちすぎは手枷《かせ》足枷となって、あなたの動きを鈍くします。お金、物、人について一度点検して、ためこもうとばかりせずに、減らす努力をしてみませんか。

「ためない暮らし」が自由な人生を作る

あるところに小言が好きな女房がいました。亭主のやることすべてに小言を言います。辟易《へきえき》した亭主はある日を境に、女房に小言を言われないよう生活すべてを改めました。二、三日すると、女房が「あんたが何でもやるようになったおかげで、小言を言えなくなったじゃないのよ」と小言を言いはじめました――。

落語に出てくる話だそうですが、小言を言う対象があればあったで困り、なければないでまた困ります。実際にありそうな話の中で、人間の欲望にはきりがないことを楽しく描いています。

欲望が次々に湧けば、その対応で心が休まりません。モグラ叩きみたいなものです。

中国、唐代の伝説的な詩僧（詩を作るのが上手な僧）の寒山《かんざん》の詩に、「貪人好聚財（貪人好んで財を聚《あつ》む）」で始まるものがあります。

「それは母フクロウが雛《ひな》をかわいがるようなもので、雛が成長すると母フクロウは食われてしまう（名取注：中国ではそのように信じられていました）。財産が多ければかえって己を害することになる。財産を人のために使えば福が生じ、それをためこめば禍《わざわい》がおこる。財産もなく禍もなければ、白雲が浮かぶ青空で翼を勢いよくはばたかせることができる」とつづきます。

自分の心を満たす最低限の物だけを持ち、それ以上欲しがらずに生きていけば、心は自由でいられます。自由は邪魔するものがない状態ですから、鳥が大空を飛ぶように、行き詰まる不安や恐怖もありません。

私が日常の中で、何の不安もなく気持ちがのんびりするのは、広い公園、海辺、峨々《がが》として連なる山々を前にするときです。広々とした景色と私の心がシンクロして、不安を薄めてくれるのでしょう。小さなことはどうでもよくなり、心が自由に、楽になります。

僧侶ですから、その気持ちを毎朝本堂で味わい、そのまま一日を過ごせばいいのですが、なかなかそうはいきません。本堂から自室に戻れば、たくさんの物、やらなければならない用事が身に心にせまり、その対応に心が自由どころではありません。

余計な物や煩悩を持たない暮らしが、私の心とシンクロして、心を自由にし、不安も減らしてくれる……私はその日を待ちのぞんでいます。

贅沢は、心と体を〝マヒ〟させる

ある人が、海外旅行に行くのに、有名ブランドのスーツケースを持っていきました。ブランドのロゴがたくさんプリントされている（ロゴロゴしている）スーツケースを空港でゴロゴロ転がしていると、それを見た人が「あのスーツケースは自分で持っちゃいけないいんだよ。使用人に持たせるくらいの金持ちが使うんだ」と言いました。

またある人は、最高級車が欲しいとほのめかしました。すると、そこにいた人が「あの車はね、自分で運転する車じゃないんだ。運転手を雇って、自分は後部座席に乗るんだ」と言いました。

両方の場に居あわせた私は、当時二十代。「贅沢というのは深いものだな。なまじ贅沢などしないほうがいい」と思ったものです。

贅沢な暮らしをしていると、「どうだすごいだろう」という驕《おご》りや自惚《うぬぼ》れの心が芽生えてきます。より高価な物が欲しくなる貪《むさぼ》りの心や、よい物を持っている人を見て妬《ねた》み、羨《うらや》む心も起きてきます。贅沢な暮らしと裏腹に心は貧しくなるばかりで、生きる上で大切な謙虚さや平常心がマヒする危険があります。

そのためでしょう。江戸時代の真言僧慈雲《じうん》は「富《とみ》に居《い》て貧《ひん》を忘《わす》れぬ者《もの》は長《なが》く富《と》む」と、たとえ裕福な暮らしができるようになっても、貧しいとき、貧しい人を忘れるなと説きます。

『仏遺教経』では「さまざまな苦悩から脱出するには、〝知足〟の教えを思いだしなさい。そうすれば、あなたの心が、そのまま富貴安楽の大庭園となります。足ることを知る人は、地面に寝てもなお安楽を感じられます。財がなくても富んでいるのです。足ることを知らなければ、天上の絢爛《けんらん》豪華な宮殿に居住してもなお満足しないでしょう。そういう人は、富んでいても、欲という馬に引きずられている憐れむべき人です」と述べています。

よりよい暮らしを求めるのは悪いことではありません。しかし、古人は「愚人《ぐじん》の財をむさぼるは、蛾《が》の火に赴《おもむ》くが如し」と戒めました。

謙虚さを忘れ、身分不相応な財を求めるのは、自ら火の中に飛びこんでいくようなものです。

贅沢な暮らしに憧れている人は、よくよく注意されたほうがいいでしょう。

人の〝好意〟なんて集めなさんな

「生まれた子どもがみんなから好かれますように」と神さまに祈った母親がいました。神さまはその願いを聞きとどけます。ところが、何をしても好かれるその子は、やがて傲慢《ごうまん》になっていきます。そこで母親は自分の願いが間違っていたことに気づき、あらためて神さまにお願いします。――「この子が誰をも好きになれますように」と。

これは私の好きな話です。多くの人はみんなから好かれたいと望みます。そのほうが生きやすく、気持ちがいいからでしょう。しかし、みんなから好かれようとするあまり、本当の自分を隠して人にこびへつらい、愛想をふりまけば、クタクタになります。人に合わせて自分を演出しつづけるのは、とても大変なのです。

ついには、「この人、無理して自分をよく見せようとしている」と感づかれ、敬遠されることになります。好きになってくれるかどうかは相手の問題なので、いくら自分で努力しても報われることは少ないのです。

どんなに素敵な人でも、その素敵さが気にいらない人もいるのです。物でもお金でも、才能でも人徳でも、自分にないものを持っている人の悪口を言ってうさ晴らしをする心の狭い人はいます。

その点、みんなを好きになるのは、自分が勝手に好きになってしまえばいいのですから、自分の努力でできます。みんなと言っても自分の周囲の人だけでしょうが、どんな人にも必ず素敵なところがあります。

みんなから好かれたいと思っている人にだって、健気《けなげ》さを感じることができます。「そこまでしなくてもいいんじゃないの?」「いい人を気取らなくても、そのままでいいよ」と肩を叩きたくなることがあります。

あなたのことを好きな人が数人いてくれれば、それでいいと思います。

他の人から嫌われているのではないかと心配するより、仲間がいればそれでよしとすれば、心はとてもおだやかになれます。苦手な人が身近にいても、自分をわかってくれる仲間との時間を多くすれば、だいたいのことは乗りこえられます。

私の場合、頼りになる仲間(?)はお寺の本尊のお不動さま。私の心の投影とも言えますが、本堂で座るといつでも「ああ、お前さん、やることやっているね。それでいいよ。自分をよく見せようなんて欲は減らしていきなよ」と言ってくれます。

「一度選んだ」物を、もっと大事にする

私たちは一日中、何かの選択にせまられて生きています。起きるか否か、食べるか否か、どんな服を着て、靴は何を履くか。人とどう対応するのか、飲みに行くのか行かないのか、寝るのかまだ寝ないのか……きりがありません。

熟慮した上で決めることもあれば、出たとこ勝負の場合もあるでしょう。私のお寺では年に数回、自分の腕輪念珠を作る機会を設けます。八色の珠を自分の手首に合わせて選び、順番にゴムを通します。単一色で作る人、数種類の色をバランスよく並べる人などさまざまです。

ところが、ある日一人のご婦人が、何百も珠が入っている箱の中から無造作に、一掴《つか》み珠を取りだしました。そして、自分の手首に合わせて二十二個の珠を「二、四、六、八……」と数えながらランダムに並べて、残りを箱の中に戻します。同じ色が隣になったり、似た色が隣になったり、とにかく無茶苦茶です。

他の方々が、悩みながら配色を考えている中で、こうした光景を見ていた私は目を

丸くして言いました。

「そんな選び方でいいんですか？」

「はい」

「『はい』って、それじゃバラバラじゃないですか」

「だって、これは私が選んだんじゃないんです」

「はぁ？」

「これは、仏さまが選んでくれたんです」

「見事な決着の仕方です」と、私は思わず彼女と握手しました。

　彼女は自分の（仏の？）選択に何の迷いもありません。「自分で決めない」と決めたのです。それでいいと決めたのです。彼女は、他の人が作った念珠を見て「あら、きれいね」とは言いますが、うらやましさは微塵《みじん》も感じられませんでした。

　一度自分で決めたのに再考をくりかえす人がいますが、そんな時間と労力は減らしたほうが、ずっと潔く、さっぱり、せいせいと生きられます。

　一つのことを決めたら、それにしばらくは自信を持ちましょう。同時に、「これを選んだということは、他の選択肢を捨てた」こともしっかり覚悟したいものです。

生き方にも「アソビ」を持て

シンプルな生き方をしている人を見ていると、きちんとしている人が多いのがわかります。物を乱雑に置いておかないし、何がどこにあるのかを知っているので動きにも無駄がなく、自分がいつ、どこで、何をすべきなのかを心得ています。

礼節をわきまえていて、悪いことをしたら素直に謝り、何かしてもらうとすぐに「ありがとう」と言います。礼儀正しく言葉も丁寧ですが、そこには気負いもなく、かといってことさらにへりくだることもしません。さわやかな人です。

そんな人に出会うと、富士山のような気高さを感じます。富士山は他に依存しない独立峰で、稜線《りょうせん》の曲線はどこまでも自然ですが、きちんとしている人も、他に依存せず自然体の風格を備えているものです。

ご本人にしてみれば「当たり前のことをしているだけ」なので、自慢することもしません。積み木を積み上げるのに、小さい積み木の上に大きな積み木を置くことはしないのです。それをすれば積み木は崩れます。

「当たり前のこと」は、下の積み木と同じ大きさか、それより小さい積み木を置くことです。そうすれば積み上がった形はとてもシンプルで、安定したものになります。

私のように、自分に甘く、物も心も生き方もゴチャゴチャした生活をしてしまう者には、その「当たり前のこと」がなかなかできません。

ですから、使い終わったら元の場所に戻す、自分の力ではどうしようもないことは思い悩まない、ついでに何かやってみるなど、当たり前のこととしてできることを一つずつ増やそうと思います。そうすれば、少しずつシンプルな生き方ができるようになるはずです。

しかし、当たり前のことを〝やらなければならない〟と義務のように感じてしまうと、四角四面のクソ真面目なだけになってしまいます。

そういう人は、自分のやり方を他人にも強制する傾向があります。「私が当たり前にできるのに、どうしてあなたはできないのか」と言うようになる可能性があるのです。

車のハンドルやドアにもアソビの部分があるように、生き方にもアソビの部分が大切です。遊び心やユーモアを交えて、心のバランスを取って、当たり前にできることを増やして、きちんと生きていきたいものです。

掃除とは「心の塵《ちり》を払い、垢《あか》を除く」こと

「何かしている最中とそれが終わった後の心情の落差が大きいものは？」と聞かれれば、私は迷わずお酒と答えるでしょう。お酒は飲んでいる最中はいつも飲み足りず、飲み終わるといつも飲みすぎているからです。そして、次にあげるのは熱狂と静かな日常のギャップが大きい祭り。次が、掃除でしょう。

掃除している最中はただ没頭しているだけですが、きれいになった後の爽快感は格別です。私の場合、この爽快感のために掃除すると言っても過言ではありません。

芸能人は、トイレに入ったときは、仮に自分が入る前から汚れていても、入ったとき以上にきれいにして出るのが常識なのだそうです。汚れたままにして、入れ違いに誰か入れば「あの芸能人はトイレを汚したのに、そのまま出ていった」と思われてしまいます。これは、人気商売の芸能人にとっては致命傷なのです。

私が修行をしたときは、「自分が悪く思われないようにきれいにする」と考えるのではなく、あくまで「後から入る人のためにきれいにする」という他の人を思いやる

心が大切だと教えられました。

ところが、仏教ではさらに上がいます。お釈迦様の弟子で、その名をシュリハンドク。彼は物覚えが悪く、自分の名前さえ忘れるほどでした。先に弟子になっていた兄は「お前には無理だから坊主になるのはやめたほうがいい」と言います。

そこへお釈迦さまが来て「塵《ちり》を払う、垢《あか》を除くと言いながら掃除をしてごらん」と箒《ほうき》を手渡します。彼は毎日「塵を払う、垢を除く」と言いながら掃除しました。

ある日、彼は「お釈迦さまが教えてくれた言葉は、私の心の塵と垢のことだ」と気づきます。お釈迦さまは「自分の心の塵と垢に気づく人こそ、本当の知恵者だ」と彼をほめたたえました。

彼は自分や他人のためにに掃除していたわけではありません。ただ「塵を払う、垢を除く」と言いながら、掃除していたのです。それが自然に彼の心の内面をきれいにしていきました。「嫌だ、面倒くさい」と言いながらやったのでは、そうはならなかったでしょう。言葉に行動を重ねることで、素敵な効果が現れます。

口に出して言わなくてもいいですから、「塵を払う、垢を除く」と心でつぶやきながら掃除してみてください。知らないうちに、心の掃除までできます。

部屋の〝使い勝手〟をよくしよう

引っ越しの経験がある方ならご存じでしょうが、引っ越し後もしばらく段ボールの梱包を解かなくても生活できます。

結婚した姪《めい》は「一年以上、何箱も開けないで生活しているよ」と、臆面もなく言うくらいです。それはちっとも恥ずかしいことではありません。その経験から、人が暮らしていくのにはそれほど多くの物はいらないということを学べば、この先の人生で大いに役に立ちます。

原発の影響で、福島の一軒家から東京のアパートに避難を余儀なくされたご夫婦は、「ちょっと動けば何でも取れて、すぐに掃除が終わる空間は楽です」と、先祖代々住んでいた場所から離れざるをえない切なさを含ませた表情で語ってくれました。

福島にいたときは、夕方になると、隣近所がお酒とおかずを手に手に集まって、楽しい宴《うたげ》が毎夜のように開かれたそうです。しかし、今はそれも望めなくなりました。

「東京にいれば、誰か来ても『じゃ、外へ食べに行こう』って近所のお店に行けばいいんです。だから、福島にいたときのような大量の食器もいらないんです。シンプルな暮らしもいいですよ」とおっしゃいます。あるもので満足する、仏教の〝知足《ちそく》〟の教えそのものです。

仕事用の部屋なら、仕事に必要な物が散乱していても仕方ありませんが、自分が使う部屋の用途は多種多様です。テーブルの上をパソコンが占領していれば、絵も描けないし、手紙も書けません。堂々と腕を伸ばして本も読めないし、ジグソーパズルもできません。

ですから、**なるべく自分の部屋は物を少なく、シンプルにしておいたほうが、使い勝手がよくなります。**どうすればシンプルに整理できるかは、整理術に関するネット情報や本にゆずりますが、物をためずに少なくし、それで満足するのは基本中の基本でしょう。

パソコン世代やスマホ世代の人なら、トップ画面を自分用にシンプルに整理にしているでしょう。さまざまなソフトやアプリが起動している状態では、処理スピードが遅くなるのは、生活も人生も同じ。

まずは部屋をシンプルに整理して、軽快に使いたいものですね。

すべて捨てても「縁の力」は残ります

仏教の縁の考え方はとても面白いと思います。たとえば「縁が切れた」と言いますが、それは**〝「縁が切れた」という縁が加わった〟**ということなのです。

仏教では、すべては空《くう》であるとします。そのもの単体で存在するものはなく、すべては縁の集合体だと考えるのです。

なぜそんな分析が行なわれたかと言うと、一つは悟りを目指そうとする人にとって「ところで、私って何?」「私を取りまく世界ってどうなっているの?」という疑問が必ず出てくるからです。悟ろうとする自分がどんな存在なのか、世界がどうなっているのか知らないでいるのは、材料のことを知らないで料理を作るようなものです。

こうして、私たちや世界は空というあり方をしていて、すべては条件(縁)の集合体だという結論に行きついたのです。

たとえば、この文章を読んでいる今も、膨大な縁が集合した結果です。本を買った、売っていた書店があった、出版した三笠書房があった、担当した編集者がいて、書いた坊主がいました。ほかにも、読みたいと思った、読む時間があった、読みすすめる知識があり、それを学校で勉強した……。このように、際限のない縁がつながった結果、あなたは今この本を読んでいらっしゃいます。

右の縁は、起こったことばかり列記しました。ところが、仏教の縁の考え方の面白いのは、〝起こらなかったこと〟にまで及ぶところです。

ほかに読むべき本がなかった、特にやらなければならない用事がなかった、視力を失っていなかった、死んでいなかった……。このように、起こったことと同時に、起こらなかったことも縁になって、本書を読んでいただいているのです。

換言すれば、どんなことが起ころうと起こるまいと、何かを捨てようと持ちつづけようと、減らしても減らさなくても、逆に増やしても、すべてが縁として働いているということです。

そのような無数の縁の結果、今があります。

時間経過という縁が加わるだけで、結果は変化します。さっき、一行目を読んでいたのに、二十四行目を読んでいらっしゃいます。

減らすことにおびえることはありません。捨てても減らしても、縁の力は残ります。

「それ」を買って、使いこなせますか？

若いうちは、とかく友人が持っている物が気になり、自分も同じ物を欲しいと思うものです。しかし、年齢を重ねて自分に合うものがわかってくると、他人の持っているものを欲しがらなくなります。言いかえると、**年齢を重ねているのに友人が持っている物を欲しくなるのは、心が幼い証**でもあります。

自分一人が見聞きする情報は限られていますから、自分が見たこともなく、知らなかった物はたくさんあります。自分が知らなかった便利な物、面白い物、素敵な物、かわいい物は、何人か友人が集まれば「何それ？　見せて」と言いたくなる品々の展示会のようなものです。

その中で、使っている人に似合っている物は素敵に見えます。筆記具、時計、アクセサリー、メモ帳、バッグなど、その人に馴染んで使いこまれた物は、その物自体が魅力的に見えますから、自分も欲しいと思います。

しかし、それは物が魅力的なのではなく、それを使っている人が魅力的なのです。

同じ物を自分が手に入れても、自分に似合うか、馴染むかは別問題。浴衣姿のお相撲さんが素敵だから自分も浴衣を買いたいと思っても、それは大きなお腹だから似合っているのであって、お腹が出ていないと似合いません。作務衣姿のお坊さんが凛々《りり》しいからと作務衣を買っても、髪が長ければ陶芸家か居酒屋さんの人にしか見えません。

日本手拭いが人気ですが、友人がさりげなく使う素敵なデザインの手拭いがそのまま自分に似合うわけではありません。昔ながらのとんぼ柄、青海波《せいがいは》文様を粋《いき》に使いこなす人もいます。ポップな柄が似合う人もいるのです。

欲しがらなくてはいけないのは、物ではなくそれを選んだ人のセンスです。いい物か悪い物かではなく、〝自分に合っている〟と見抜くセンスなのです。

そのセンスがないのにやみくもに友人が持って似合っている物を欲しがっても、不釣り合いなだけ。〝木に竹を継ぐ〟とはこのことです。

もし友人が持っている物を自分も欲しいと思ったら、自分に合うか、使いこなせるかをまず考えてみることをお勧めします。

物で〝自分らしさ〟を表わすのは人生を豊かにしてくれますが、くれぐれも、物に負けない自分を作っていきましょう。

見栄や虚勢をためこんでしまうと……

私の周囲に「自分をよく見せよう」とする人は数えるほどですが、少ないながらも、彼らを見ていると気の毒になります。見栄や虚勢を張っているのが傍《はた》からよくわかるのです。自分をよく見せたいという願望は、劣等感が発生源。

「僕はこんなにすごい自転車を買ってもらったんだ」——小さな子どもに見られることうした言動は、等身大の自分でいいという自信がつくにしたがって減っていきます。

大人になっても等身大の自分を受け入れられないと、自慢話を頻繁にするようになります。自慢話の中で、聞いて気持ちのいいのは故郷自慢と親自慢ですが、虎の威を借る狐のような自慢話は、すぐに聞き手に看過されるだけでなく、逆に自信のなさを露呈しているようなものです。

小学四年生のとき、上級生にいじめられた私は、思わず「僕のお父さんはPTA会長だぞ」と言いました。その夜、私は一人泣きました。いじめられたのが悔しかったのではありません。親の威光にすがる弱い自分が情けなく、悔しくて声を殺して泣いたのです。以来、私は半ば意地になって、自分で自分を誇れる人になろうと決意しました。自分に自信がないなら、自信が持てる何かを身につけることに精を出したほうがいいと、今でも思います。

劣等感は（優越感も含めて）他と比べることが原因です。他と比べて悲しみ喜んでも、それは真の自分ではありません。上には上が、下には下がいます。

あるとき、娘に「お前はうちで飼っている犬より可愛いね」とほめたら「犬と比べられても、ぜんぜん嬉しくないんですけど」とたしなめられました。比べる対象によって変化するような自分を、本当の自分だと勘違いしないでいたいと思います。

くりかえしになりますが、他人から高評価を得たり価値を認めてもらったりしたい人は、自信がない人です。私は評価が気になるときは、お寺の本尊さまの前に座ります。すると、仏さまが「よくやってるよ」とほめてくれるのがわかります。もとより、それが私の内なる心の声だと気づいて、**「なんだ、私は自分で自分を認めているじゃないか。他からの評価は気にしなくていい」**と安心します。

自分にダメ出しする自分以外に、心の中によき理解者のもう一人の自分を持っていると楽になります。

「そういう考え方もあるんですね」と受け流す

『気にしない練習』（三笠書房・知的生きかた文庫）で、「みんな言っている」と批判されたとき、〝みんな〟は多くて三人のことだから気にしなくていいと書きました。逆に、多勢を頼みに自分の意見の弱さを隠し、責任逃れするために「みんな言っている」と誰かを批判する人は、信用をなくすから気をつけたほうがいいと結びました。

十人ほどの方が「あの項目は面白かった」と感想を述べてくれました。きっと、思いあたるところがあったのでしょう。

それほど、私たちは人の意見や考え方に影響を受けてしまうのですが、ネットで多くの人が自分の意見を発表し、それを見られるようになったおかげで、さまざまな意見や考え方があるのがわかるようになりました。

それは同時に、他人の意見や考え方を鵜呑みにしない訓練にもなっています。「ネットでこんなことが書いてあった」は、「それが正しいとは限らない。別の意見も山ほどある」と同義です。ネットやマスコミ報道のように、その場で反応する必要がなければ、反対意見なども調べられるので、疑いもなく信じる人は少なくなったでしょう。しかし、知っている人に意見や考え方を直接披露されると、それが又聞きでも「へぇ、そうなんだ」と鵜呑みにしたくなります。信頼関係があれば、なおさらです。

「Aさんは、浮気しているらしい」と聞いて、それを真《ま》に受けて、Aさんと会うたびに一人勝手にぎこちない会話をしていたことがあります。たまたま女性と一緒にいただけという真相を聞いて気まずさが解消したのと同時に、講談に出てくるセリフ〝片《へん》言《げん》きわめ難し（一方の言い分だけでは判断できない）〟を痛感しました。

どんなことでも、一方だけでなくさまざまな角度から見ることができます。

マジックが趣味のお坊さん仲間が、高齢者施設でマジックを披露したところ、途中で席を立った人がいたそうです。帰りがけにその人が近づいてきて「手品は、人を騙《だま》して喜んでいるんだ。あなたもお坊さんなら、そうやって人を騙すのはやめたほうがいい」と吐きすてるように言いました。

彼がその言葉を鵜呑みにせず、**「そういう考え方もあるんですね」**と、サラリと受け流したのは言うまでもありません。他人の言葉を信用しがちな心優しい人は、話を鵜呑みにしないように気をつけましょう。**正しい見方は一つではありません。**

自分の性格はどうにでも変えられる

私たちは普通、自分の本性を隠して生活しているものです。お金持ちになりたい、偉くなりたい、人から認められたい、思いきって怒りたい、我慢したくない、ほとんど自分のことしか考えていないなど、本能と感情だけで生きている動物のような部分を、どうにか心の奥に抑え込んで生きています。

犯罪に手を染める人は、これらの本性を野放しにしている人たちでしょう。多くの人は、心の奥に潜むバケモノのような本性をなだめ、鎖につないで生活しています。そのほうが、争いがなく平和に生きていけるのを知恵の力で知っているからでしょう。ところが、せっかくいい人でいたいのに、おぞましい本性たちが姿を現わすことがあります。

認知症の現場が、まさにその世界でしょう。それまでおとなしかった人が、凶暴性をあらわにすることもあります。お金に関してうるさくなかった人が、認知症になるとケチ丸出しになることもあります。人をバカにする発言などしたことがなかった人が、人を罵《のの》るようにもなります。

いやはや、せっかく本性を隠しておいたのに、それが露顕してしまうのですから困ったことです。それまでの努力も水の泡。坊さんの世界では「百の説法、屁一つ」と言います。「可愛いアイドル、前歯に海苔《のり》」と言っても同じです。

隠しておいた本性が出てしまうのが心配になった私は、認知症にくわしいドクターに「普段はなかなか表に出ない本人の性格は、やはりなおらないですか」と聞きました。すると、**「性格はなおるでしょ。それを仏教で修行って言うんじゃないのですか」**と、ハッとするようなことをおっしゃいました。

まったく、その通りだと思いました。自分の悪しき考えや性格について、どうしてそう考えるようになったのかを深く掘りすすんでいくのです。すると、悪しきとらわれが減って、心の底に澄んだ水が見えてきます。

それが仏教で言う「心の修行」にほかなりません。

人前で「私はこういうところがあるんです」と言える前向きな性格ならいいのですが、自分を卑下している人は、自分の悪しき部分の元にある〝とらわれ〟について考えると、硬くなっている心の土が柔らかくなって、掘りおこしやすくなります。

「何でも欲しくなる」のは、自信がないから

私たち人間に必要最低限の物は、衣・食・住でしょう。寒さをしのぐための衣服、雨風を防ぐための住居、そして生きていくために必要な食べ物。極端な話ですが、この三つ以外は、なくてもどうにかなります。

しかし、私たちはその上に「あれも欲しい」「これも欲しい」と求めます。いくつか理由があるでしょう。まず、思いつくのは、あったら便利な物。さまざまな工具、機械類はその産物です。状況に合わせて、数種の中から選べれば作業効率も上がり、便利です。皆さんが携帯している筆記具も一種類ではないでしょう。

状況に合わせるという点では、ファッション（服・靴・バッグ・アクセサリーなど）も同じでしょう。スーツにビーチサンダルというわけにはいきません。お葬式に参列するのに、穴の開いたダメージジーンズにTシャツも変です。その点で、状況に合わせて最低限の物をそろえておくのは、社会人としてのたしなみです。

考えておきたいのは、精神的な物足りなさを物で穴埋めしようとする場合です。

昭和の時代には、もっと俺に注意を向けてくれ！ という心の叫びを、車やバイクの爆音に代弁させて街の中を走る暴走族が問題になりました。そのころの標語に「かっこよさ、心で示せ、暴走族」がありました。中学生だった私は「深い言葉だ」と感動しました。当時から、思考が坊さん的だったのかもしれません。

子どもは自分がヒーローやヒロインになるために、キャラクターグッズを欲しがります。一種の変身願望ですが、現在の自分に対する自信のなさの現れでもあります。**精神的な不充足感を行動や物で代用しなくても、私たちは普通に暮らす中で充足感を味わえます。**

社会的に認められなくても、お金がなくても、才能がなくても、人として他人の成功を喜ぶことができ、共に笑い、泣ける自分。あるときは憤り、意気消沈しても、そこから立ちなおる勇気や元気を持っている自分。今はそれができなくても、その能力は持っているはずだと信じて生きていくこともできます。

人は誰でも、物や行動で自分を飾らなくても、四季折々の自然の風光の中で生まれ生きているだけで、充分荘厳《しょうごん》されていると仏教では考えています。

余計な物を欲しがらなくてもいい、キラキラしている自分に気づきましょう。

「リセット」したつもりになる効果

ごちゃごちゃしている生活をリセットして、スッキリ、シンプルに生きたいと思う人は多いでしょう。

私は数年に一回、グチャグチャになっている机の引き出しの中を整理するために、一度引き出しをひっくり返して、中身をビニールシートの上に出します。すると、引き出しは買ったときと同じようにカラになります。人生という器も同じように、洗いざらいどこかに出してしまいたくなるときがありますが、そうはいきません。

スッキリさせるためには、とりあえず一つひとつを整理整頓していくしかないでしょう。問題は整理するときの心構えです。今までと同じでは、またごちゃごちゃに戻って元の木阿弥《もくあみ》、収拾がつかなくなるのは目に見えています。

古典落語の「だくだく」は、仏教者にとって示唆に富んだ話です。家財道具一つない長屋の住人が部屋に紙を貼り、着物がしまいきれずにはみ出ているタンスや、お金があふれている金庫、泥棒避けには長押《なげし》に槍《やり》の絵などを、近所の画家に描いてもらいます。

夜、寝ていると目が悪い泥棒が忍びこみます。着物を盗もうとしても、お金や金庫を盗もうとしても絵をさわるだけです。「この家の住人は〝有るつもり〟で生活してやがる。それならこっちも、盗んだつもりになってやろう」と考えます。そこで住人が目を覚まして、二人で「つもり合戦」が始まるというお話。

仏教の仏《ぶつ》は、ブッダ（仏陀）が元になって仏の字が当てられました。元のブッダは「覚者」「目覚めた人」という意味です。つまり、朝、目が覚めれば私たちは誰でもブッダです。だから、毎朝、ブッダ（仏）になったつもりで生きてみればいいと提言する仏教者もいます。

同様に、**「ゼロから」リセットしたい人は、リセットしたつもりになればいい**と思うのです。心をリセットしたつもりで、心の引き出しの中を整理すれば、今までとは違った整理の仕方になります。日本語で言えば心機一転です。

人生は、リセットしたつもりになっても、今抱えている問題が解決するわけではありません。しかし、価値観そのままの初期設定にリセットでなく、まさに「ゼロからリセットしたつもり」で物事に当たれば、解決の糸口は見つかりやすくなります。

がんじがらめになったら、頭を「空っぽ」にする

朝起きれば、その日やることを考え、これで間違いはないか、無駄はないか、損はしないかと確認し、今日会う人はどんな人だろうと心配する日々。眠りについてもやったこと、やりかけのこと、近いうちにやらなければならないことを夢に見る日々。こうして原稿を書いている私も、書きあげるまでは頭の中は何かで一杯になっている気がします。それに気づくと、私は本堂へ行って、意味を考えずにお経や真言をくりかえし唱えます。その間は頭の中が空っぽになるのを経験的に知っているからです。

さらに面白いのは、こうした時間を過ごしている最中に、思いもよらないことに気づくことです。いわば脳内変化です。

つぶやくようにお経を唱えても、本堂の中に充満していくのがわかります。声は発したとたんに消えていくのが普通の認識ですが、それがたまっていく気がするのです。たまった私の声々は、仏さまの眉間から煙のように吸い込まれていきます。これは考えているのではありません。思考ではなく感覚です。

おそらく、そのときの私の脳の状態を調べれば、普段は使われない領域が活発に働いているでしょう。私にとってはこれが〝頭が空っぽ〟になっている状態です。

かつて、同性愛者であることを両親にカミングアウトできずに悶々としていた方が、「パチンコをしているときだけ、何も考えずにいられる」とおっしゃいました。おそらくそのときも、頭が空っぽの状態なのでしょうが、ギャンブルやゲームに没頭するのは、考えないだけでなく感じることもシャットアウトしてしまう点で、〝頭が空っぽ〟ではありません。

頭が空っぽになるのは、心が自由になるということです。考えずに、感じ、気づくということです。皆さんにお経や真言を唱えましょうとは言いませんが、散歩はお勧めです。風を感じ、光を感じ、草や木や鳥に気づき、音を意識し、においを感じ、いろいろなものに触って感じて、頭を空っぽにするのに、散歩はもってこいです。

悠長に散歩などしている暇はないとおっしゃる方は、通勤や通学を散歩だと思えばいいのです。私は電車やバスに乗るとき、車窓から見える建築中の建物、洗濯物が外に干してある家の数を数えて時間を楽しみます。

無駄な時間の過ごし方は、ある意味で贅沢。時々、頭を空っぽにしてみませんか。

「休日にまとめて」はやめよう

大学3年のとき、サンフランシスコの南、サンノゼ郊外のロスガトスという町で二週間ホームステイをしました。お世話になったのはイタリア系のラジオさん夫妻。

パスタを食べたとき、フォークに巻いて食べる私を見て、夫のトムは目玉を丸くして「何だ、そんな食べ方をして。パスタはこうして食べるんだ」と、ナイフでパスタをズタズタに切り、あとはフォークですくって美味しそうに食べて見せてくれました。以来、私もそのように食べていますが、家族からの評判は芳しいものではありません。

さて、広大なアメリカ（カリフォルニア州は日本とほぼ同じ面積）だからでしょう。ラジオ家の買い物は週に一回のまとめ買い。二人暮らしのラジオ家だからか、洗濯も掃除も週に一回でした。合理的と言えば合理的ですが、なかなか真似できません。

日本はこまやかな物流システムが発達して、新鮮な食べ物がすぐに手に入るので、まとめ買いする必要もありません。

掃除も毎日少しずつやっていれば、いつもきれいな空間で暮らすことができるので、大掃除は年に一回か二回で充分です。少ない人数ならば洗濯はまとめてもいいでしょうが、わが家のように五人家族の衣類をためれば、文字通り洗濯物の山になります。毎日少しずつやればいいのに、休日にまとめてやろうとすると想像以上の労力が必要になります。

日本の風土は、地道にコツコツやるのが似合っているのでしょう。休日はその名が示す通り、休む日。日常のささいなことをためて、休みの日にまとめてドッカーンとやるのは勿体ない気がします。

四百年ほど前の中国の書物『菜根譚《さいこんたん》』は、洪自誠《こうじせい》によって儒教と道教と仏教を融和させた処世術を記したものです。

その中に「天地は静かにそこにあるようだが、その営みは留まることがない。太陽や月は目まぐるしく動いているようだが、その光は変わることがない。そのように、人は時間があってのんびりしているときでも緊張しているところが必要だし、忙しい中でものんびり過ごすための趣味を持ったほうがいい」と書かれています。

そのとき、その状況の中で臨機応変に対処するのが楽に生きるコツ。この日にこれをやろうと決めるばかりがよいわけではありません。

やるべきことは「淡々と」片づける

世界各国に「気楽にいこうよ」「なんとかなるよ」という意味の言葉があります。スペイン語の〝ケ・セラ・セラ〟(スペインでは使わないなど諸説あり)、スワヒリ語の〝ハクナマタータ〟、沖縄の〝なんくるないさ〟、英語の take it easy も同じ意味でしょう。

日本語で私が好きなのは「なるようになる」「明日は明日の風が吹く」、そして「明日できることは今日するな」。

この中で「なるようになる」は(真偽は定かでありませんが)、一休さんの遺言としてもよく取り上げられる言葉です。一休さんは弟子たちに「箱の中に遺言を書いてしまっておいたぞ。このお寺で大問題が起きて、皆の知恵を出しあっても万策つき、どうしようもなくなったら開けなさい。必ず解決するから」と言いのこします。

時を経て、弟子たちでもどうしようもない問題が起きたとき、ついに箱が開けられ、中から出てきた紙に書かれていたのが「なるようになる。心配するな」というひと言。

このエピソードが意味するのは、あせることはない、何もせずボンヤリしていればいいということではありません。**やるだけやったら、それで仕方がないのだから、そこから先は心配して悩む必要はない**ということです。

冒頭であげた言葉はすべて〝一所懸命やったら〟という前提がある物として胸にしまっておいたほうがいいでしょう。その意味で「今日できることを今日やったら」が土台になっての、「明日できることは今日するな」です。明日やらなければならないことに支障をきたさなければ、明日に先延ばしすることもかまわないでしょう。

今日であろうと明日であろうと、一つひとつ、やるべきことを淡々と片づけていくのは、スッキリ、さっぱり、シンプルに生きていく上で、とても大切なことです。

あるお坊さんが、仏教の極意は何ですかと質問されて「ああ、それは『ご飯は食べ終わったかい』『はい』『そうかい。それじゃお茶をお飲みなさい』ということです」と答えたという話が伝わっています。私の好きな話です。

シンプルな答えであると同時に、贅肉のないシンプルな生き方の素晴らしさを伝えている気がするのです。

どうです？　読み終わりました？　じゃ、そろそろ、お茶でもいかがです？

時には「当たって砕けろ！」でいけ

壊れそうもない頑丈な石橋でも、本当に大丈夫かどうか心配で、橋を叩きながら渡る人がいます。当たり前ですが、向こう側に到着するのは遅くなります。

その人の目的が、向こう岸へ早く渡ることではなく、安全に渡ることなら、遅くても仕方がありません。

私はせっかちで、早く行きたいので叩かないで渡るクチ。万が一渡っている途中に橋が落ちても、泳いで向こう岸へ渡ってやる！　という向こう見ずな危なっかしさ。

頑丈だと思われている橋でも、万が一のことがあるかもしれないと心配する人の中には、さらに安全対策を講じる人がいます。

つまり念には念を入れる人。石橋を叩くのにも、その棒は安全確認するのに充分な硬さがあるのか、石橋ができたのはいつごろなのか、何人一緒に渡れるのかなど、向こう岸に渡るために問題になりそうなことを片っ端から考えます。いわば、問題意識の固まりです。

仏教では、こうした人が「毒矢のたとえ」という話に登場します。

ある男に毒矢がささります。周囲の人が急いでそれを抜こうとすると「ダメだ」と止めます。「ダメと言っても、早く抜いて手当てしないと死んでしまうぞ」と説得しますが、男は言うことを聞きません。

その毒矢は誰が射たものか、毒の成分は何か、なぜ私を狙ったのか、それがわからないうちは毒矢を抜かせないと言いはります。周囲の人は仕方なく男の言う問題を解明しようとしますが、そうしているうちに毒が回って男は死んでしまうという話です。

この話は、目の前にある苦を取り除くことが大切なのに、頭でっかちになってあれこれ考えていれば、苦に飲み込まれてしまうというたとえでもあります。

こうした問題意識は、会社などでは危機管理として組織の中で活かされています。しかし、個人的な思惑の中で問題意識や危機感だけが次々に起きてくると、〝初めの一歩〟さえ踏み出せません。

問題意識の固まりの人は、気になる問題のうち細かいものは勇気を出してほったらかして行動してみると、心配したほどではないとわかり、自分の取りこし苦労癖にニヤリとして、問題意識を減らせます。**「当たって砕けろ！」**も、**時には必要ですよ。**

好きなことをするなら、嫌な顔をしない

仕事でも、プライベートでも、やらないといけないことは、どんなに嫌でもやらなければなりません。当たり前のことです。やらないで放っておけば、自分が窮地に追いこまれるだけでなく、周囲を窮地に追いこむことになります。

そのとき、「やらなければならない」という義務感をなるべく薄れさせて、肩の力を抜いて取りくむと、案外、やり甲斐や面白さを感じることがあります。

私の場合、掃除をするのも、家内の家事を（ごくたまに）手伝うことも「楽ではないけれど、楽しむことはできるはず」と思ってやっています。

仕事なら「やらなければならない」という義務感よりも、「これをやる」という責任感に重きを置くとストレスが減ります。

義務感と責任感は似て非なるものです。

お坊さんになって間もないころ、先輩に**「好きなことだけやればいい。そのかわり好きなことをしているのなら、嫌な顔はするな」**と言われました。当時、私はデモシ

カ坊主で、生活のためにお坊さんをやっているようなところがありました。

そのときに聞いた「好きなことだけやればいい」は、とても魅力的でした。「やりたくないことはやらなくていい」とお墨付きをもらったような気がしました。「坊主として好きなことだけやればいい。やってみたいことだけやればいい」ということです。何かやってみようというモチベーションが一気に上がった記憶があります。

私はできそうなことよりも、一所懸命になれそうなことをしようと思いました。易《やす》きに流れて楽ができそうなことより、充実感（楽しさ）を味わえそうなことを優先したのです。義務感はありませんでしたが、やるからにはしっかりやろうという責任感は持っていました。

こうした経験から、座右の銘に「楽じゃないことでも、楽しむことはできるはず」と「好きなことをしているのなら、嫌な顔はするな」が加わりました。嫌な顔をしてしまったときには「これは好きで始めたんじゃなかったっけ？」と自分に問います。

やりたくない、好きでないことでも我慢してやるのが美徳のように言われますが、義務感でがんじがらめになり、つい嫌な顔をしてしまうなら、自己責任でやらなくていいときもあると思えるようになりました（あくまで自己責任ですよ）。

2章

人間関係に必要な、この「余裕」

――そんなこと、気にしない

友達を「ためこもう」としてはいませんか？

ヘミングウェイは「一緒に食事をするなら八人まで」と言ったそうです。八人までなら、一つの話題でまとまれるという意味です。テーブルや机は偶数人が座るようにできています。奇数になって余った一人が〝議長席〟〝お誕生日席〟に座れればいいのですが、横並びで一人飛び出て正面に誰も座っていないと、気まずいものです。

私は、ご法事の後席の食事や懇親会に出るときに、いつも右のヘミングウェイの言葉を思いだします。八人でも隣同士、あるいは向かいの席の二人で話が盛りあがることもありますが、誰かのひと言で、全員その話題に関われるのが八人までなのです。

SNSなどでは、仲間たちと一緒に写っている写真をアップする人がたくさんいて、楽しく過ごした様子を見る機会が増えました。しかし、〝集合写真をアップする人ほど友達がいない〟という愉快な分析があって、思いあたることがあった私は、なるべく集合写真をアップしないようになりました。

気の合った仲間たちと過ごした記念で写真を撮ることはあっても、それを「私はこんなにたくさん友達がいるのです」と言わんばかりに人さまにお見せしなくてもいいと思うのです。

中学生のときに読んだ『リーダース・ダイジェスト』（すでに廃刊）の名言のコーナーで、「友人は私の財産なのです。ですから貪欲にためこもうとすることをお許しいただきたいのです」が掲載されていました（誰の言葉か不明です）。

私は、そうだ、その通りだと感動しました。感激は感じて感情が激することですが、感動は感じて動くことです。私は、なるべく多くの友人を作る行動に出たので〝感動〟したのです。しかし、それも高校まで。増えていく友人たちすべてに関心を持ちつづけることに疲れてしまいました。

友人が多いことは人生を豊かにしてくれますし、彩りも添えてくれるでしょう。しかし、気兼ねしなければならない人を、無理に友人の枠に入れなくていいのです。

世の中の人すべてを「友達とそれ以外の関係ない人」で分ける必要はありません。**つかず離れずの関係でも充分コミュニケーションは取れるし、楽しく過ごしていけます。**プライベートのつきあいを何人までにするかは、その人の心の許容量によりますが、友人疲れしないように友人を減らすのも、あながち悪いことではありません。

「魅力的」でなくても「器用」でなくてもいい

「人づきあいが苦手で、人間関係に疲れてしまったのでお坊さんになりたい」と相談されることがあります。そんなときは「それが理由なら、お坊さんの世界も同じですからやめておきなさい」と申し上げます。確かにお坊さんの生活環境は、損得勘定で生きていないので、心おだやかでいられる条件はそろっていますが、人間関係から逃れることはできません。山寺で静かに過ごしたいと思っても、余程の財力がないと無理ですし、それならお坊さんにならずに限界集落で一人暮らしをしても同じことです。

人づきあいが苦手な人にとって、人づきあいが器用な人のほうが生きやすいように感じられて、魅力的に映るかもしれません。しかし、人づきあいが器用な人が魅力的とは限りません。八方美人で、お世辞を言って人に取りいろうとする人に魅力はありません。そんな人は、逆に信用できません。

私の心が広くおおらかなら、太鼓持ちのようにふるまう人にも「涙ぐましいほど人におべっかを使い、気に入られようとしているのも、それはそれで、この人の魅力の一つ」と思えるかもしれませんが、今のところ、憐憫《れんびん》の情を禁じえません。

私は、話に聞く沖縄のオジイのように、毎日飲み会の予定が入らないようではダメとまではいきませんが、来る者拒まずといったところ。ですから、人づきあいは悪くないと思います。

しかし、人づきあいが器用かと言われれば、とてもそうはいきません。作為的に他人から嫌われようとはしませんが、だからと言って、皆から好かれようなどとは露ほども思いません。人から好かれようとすれば、どうしても本心を隠して他人におもねることになります。他人の意向に誠実であろうとするあまり、自分に対して誠実でなくなってしまうのです。これでは、人間関係に疲れて動けなくなる自己崩壊の日を、自分でぐいぐいたぐりよせているようなものです。

「あの人は魅力的な人づきあいをする」という表現は成り立っても、「あの人の人づきあいの器用さは魅力的だ」という表現はしっくりきません。

つまり、人づきあいが器用なことが魅力的なのではなく、その人自身や言動が魅力的であるほうがずっと大切なのです。いずれにしても、**魅力的な人になりたいなんて思わなくていい**ですよ。魅力があるかないかなんて、結果論ですからね。

自分を嫌うな

無理に人から好かれようとは思わないでしょうが、結果的に周囲から好かれる人の最低条件は、〝自分で自分を嫌いでない〟人に多い気がします。とりあえず今の自分に「まあいいか」「仕方ない」とOKが出ている人です。

これが極端になって、自分で自分を好きでたまらない人なら、敬遠したくなるのは私だけではないでしょう。

ギリシャ神話で、神の怒りに触れて自分しか愛せなくなったナルシス。泉の水面に映った自分の姿を見て、自分に恋い焦がれてその場を離れることができず、ついに泉に落ちて命を落とします。やがてその場所に水仙が咲いたとされます。そこから、英語で水仙をナルシサスと呼び、「俺、すごいでしょ」「私、きれいでしょ」と自惚れ、自己陶酔する人をナルシシストと呼ぶのはご存じの通り。

仏教ではまず、「まだ」と自分が至らないことを自覚するのがスタート。「そんな自分を何とかしたい」と向上しようとするのが修行です。

自分がまだまだなことを認めるのは、人と比べて劣っている自分を卑下することではありません。今の自分が理想とする姿にまだまだ至っていないという意味です。その自覚がスタートですから、自覚できる自分を嫌いになる必要はありません。「気がついているだけよしとしよう」と自分をほめていいのです。

さらに、理想の自分になるための向上心を胸に努力しようとする自分にも「まあ、やろうとしてるからいいだろう」とＯＫを出していいのです。

こうした意味で、**まだまだの自分に〝まあいいか〟、〝とりあえず、今のところは仕方ない〟とＯＫが出ていれば、その人は、人から好かれる条件をクリアしている**と思うのです。

他にも、「われながらよくやっている。今のところはこれで精一杯」と自分で納得し、他人の目をあまり気にしない人にも、すがすがしさを感じます。「現状にこれといった不満はありません」と、その状況の中の自分に満足してのんびりしている人もまた、呆れられることはあっても、周囲から嫌われることはあまりないでしょう。

もし、人から好かれたいと思うなら、まずは自分にＯＫが出せるように、自分の素敵なところを探してみるといいです。

「信頼される人」の共通点

人から信頼されるのは、人生を生きていく上で大切なことでしょう。「あの人は平気で裏切る。人の好意を無にする」と思われれば、生きづらくなります。

すべての人に信頼されるのは無理ですが、仏教の祖師たちも信頼するに足る人物だったから、今にその教えが伝えられています。まず自分が救われたいという思いがあり、やがて人びとを救いたいとの大願を起こし、実践した結果として信頼を得たのです。

では信頼されるようになった人たちは何を大切にし、何を減らしているのでしょう。

一つは目的意識を忘れずに、やるべきことをやっている人です。目的達成のためには手段が欠かせませんが、手段で一杯になって目的を忘れると信頼を損ないます。

結婚披露パーティーの目的は新郎新婦をお祝いすることです。そこに集まる人たちの目的はたったそれだけです。ところが、祝辞でその目的を忘れて身内受けする話だけ、自慢話などを延々とスピーチする人は、自分のスピーチという手段に溺れて目的がおろそかになり、信頼を失います。

もう一つは、物惜しみしない人。〝自分だけ〟という欲を減らしている人です。物だけでなく、持っている技術などを喜んで伝えられる人は頼りになります。「これを教えてくれませんか」「嫌だよ。私が苦労して得たものを、どうしてあなたにただであげなきゃいけないのさ」では、誰も頼りにしてくれません。

随筆家の故・白洲正子さんは自伝の中で、信用できる人の共通点として、「前衛といわないまでも一度日本の文化と訣別して、中年になってから日本へ回帰した人々で、和魂洋才ではないが、そういう方たちの方が面白いし、私は信用がおけるような気がしている」と書いています。確かに、異なった考え方、生き方を広く見聞している人の言動は頼もしいものがあります。

ほかにも、嘘をつかないことも大事。過去を想い出としてだけ取っておいて、過去に執着しない人も、引きずらない頼もしさを感じます。

仲間が集まって話題が途切れたら**「信頼される人の要件って何だと思う?」**と切りだすと、「少なくともあなたは備えていない」なんて、面白いものも出てきます。やってみてはどうでしょう。

もっと〝優しい眼〟を持とう

人生訓として「人の短所を道《い》うことなかれ、己の長所を説くことなかれ」があります。この言葉が千年以上言われるのは、人の短所をあげつらって自分を優位な立場に置こうとしてかえって人望を失う人が多く、また自分の長所を自慢してみっともない姿をさらし人望を失う人が多いからでしょう。

人の短所をあげつらっても自分が偉くなるわけではありません。自分の長所は自慢しなくても、自分で納得していればそれでいいのです。

それでも誰かに自分の長所を認め、ほめられたいと思ったら、近くのお寺の本堂の前で手を合わせるといいです。仏さまはいつでも、あなたを認めてくれています。

さて、『観音経』の中に、「観音さまは私たちを慈しみの眼で見ていてくださる（慈《じ》眼《げん》視《じ》衆生《しゅじょう》）」という句が出てきます。この言葉は観音さまのことを言っているのと同時に、あなたも観音さまのように周囲の人を優しい眼差しで見てごらんなさいという教えを含んでいます。

人は誰でも何か長所を持っています。自分の長所を言いたくなるのですから、他人にも長所はあります。そこで自分の長所を説かずに放っておき、人のいいところを見つけるのです。

何気なく接している人、苦手な人、嫌いな人にだって、何かしらいいところはあります。わが家の家族を例にとれば、しっかりしている、優しい、夢がある、あくせくしないメンバー。私が苦手にしている人を思い出すと、義理堅い、情け深い、努力家などが思いあたります。

なるべく近づきたくない人でも長所をむりやり探せば、卑下しない、何を考えているかわかりやすいなど、いいところがあるのがわかります。

こうした見方が「慈眼視衆生」の一端ではないかと思うのです。私の友人にそれが自然にできている人がいて、周囲から「あの人は観音さまみたいだ」と言われますが、私はまだ無理。誰かと会ったらまず「この人のいいところはここだ」と心に刻む練習をしている最中です。その練習をしていて気づいたのは、**人のいいところを見つけると、その人を見る自分の眼が優しくなる**ことです。

自分のこと以上に人のいいところに気づいて、観音さまのような人になりませんか。

つい批判してしまったら、必ず「解決策」をつけ加えて

私たちは知らない人については批判しようがありません。何の情報も持っていないのですから、批して（つきあわせて）判じることはできません。

批判の対象にするのは、知っている人です。その中で、よく知っている人に対しては、単に批判するだけなく、解決策を示し、協力する場合があります。

「何でも先のばしにするのは、あなたの悪い癖だよね。先のばしにして困るのは自分だよ。もっと自分を大切にしたほうがいい。さあ、手伝うから一緒にやろう」と言える場合です。

家族や友人などの親しい人がこれにあたるでしょう。相手のことを思った批判は、批判だけで終わらないという特徴があります。

ところが、私たちがついつい やってしまうのは、批判だけで終わってしまう場合。これは、心の距離が離れていることを示すマーカーの役割をしていると私は思うようにしています。

「あなたは自己管理ができていない」「真面目すぎるんだよ」と直接言う場合もあれば、「あの人って、口先ばかりだよね」「あの人は、自分のことしか考えていないんだ」とその場にいない人を批判することもあります。

心の距離が近い親しい間柄であれば、その後に何らかのフォローの言葉が加わるはずです。それがないのは、心の距離が離れているからだと思うのです。これは、家族の場合でも同じ。

批判をすると自分が偉くなったような気がしますが、それは錯覚です。鯨《くじら》がイルカの批判をしても、鯨が偉くなるわけではなく、鯨は鯨のままです。

下手をすると「鯨のやつ、批判だけして知らん顔とはなんと情けないやつだ」と周囲から嘲笑の的になり、かえって品位をおとしめる結果になります。

心の距離を近づけたいなら、無理をしてでも、批判した内容をどうすれば解決できるか、自分がどれくらい手伝えるのかも加えたいものです。

そもそも、我が身のことを考えれば、人を批判している暇などないでしょう。私は人を批判するより、批判されないようにするだけで精一杯です。

怒りっぽい人への「おかげさまで」の呪文

「出端《でばな》（鼻）を挫かれる」は、意気込んで始めたところを邪魔されるという意味。テーマパークの人気のアトラクションに乗ろうと出かけたら、休止中でガッカリ。素敵な人だと思ったら既婚者でため息。帰宅が遅くなったのでお土産にたこ焼き買ったら、家でも偶然たこ焼きパーティーやっていてガックシ。『ためない練習』を読んでなるほどと思い、知り合いのお坊さんに「ためないで減らしたほうがいいんですよ」と自慢気に言おうとしたら、そのお坊さんが筆者でギャフン。

このようなことはよくある話ですが、分類すると、二種類の出端の挫かれ方があります。

一つは、自分でやろうとしていたのと似たことを、先にやられてしまったときです。BBQの話題が出たので、数週間後に「BBQやろうよ」と誘ったら「昨日、やっちゃったよ」と断られたとき。珍しく「お風呂洗おうか」と言ったら「もう洗ったよ」とすげなく言われたときなどです。

もう一つは、自分がやろうとしていたことができなくなってしまう場合です。何でも損得で考える人が、会って間もないうちに相手から「損得っていうのは経済用語なのに、それを人生に当てはめるバカな人がいるんだよね」と言われてしまった場合。何かにつけて恩を着せる人が、「『恩は着るもの、着せぬもの』って言葉はいい言葉ですよね」と先に言われれば、たじろぐしかありません。

先輩のお坊さんに、ある日「怒りっぽい人って、〝おかげ〟を感じていない人に多いと思わないか？」と聞かれました。何人か怒りっぽい人を思いだしてみると、なるほど、その人たちの口から出るのは「俺が、俺が」であって、「おかげさまで」という言葉はほとんど聞いた記憶がありません。

そこで、**私は怒りっぽい人に会うときは、なるべく早目に「おかげさまで元気でいます」とか「おかげさまっていい言葉ですよね」と言うようにしています。**そうすると、相手は怒れなくなります。

先制攻撃というより先制防御です。怒っている人といるとこちらの心の負担が多くなるので、その負担を減らすには効果的です。

「おかげさま」は、怒りっぽい人に効く魔法の言葉です。

「勝ち負け」はすぐには判断できない

気が短い人はいるもの。特に都会に住んで忙しくしている人は、いつまでもぐずぐずしていると「いったい、どっちにするんだ。はっきりしてくれ。そんなことじゃ、日が暮れてしまうじゃないか」と結論を急ぎます。私も紛《まご》うことなくそのうちの一人。やるか、やらないか。行くか、行かないか。AにするかBにするか――せっかちな人は二者択一の問題なら、とにかくどちらかに決まればそれでいいのです。「そっか、そっちにするのか。分かった」で一件落着です。

ところが、この選択が白と黒になると、厄介。俗に言う「白黒をつける」場合です。これは、「白」は汚れがないことから正、反対に「黒」は邪に見立てた言葉です。正誤・善悪などの判断をするときに使われます。

先のせっかちな人たちの「どっちにする？　早く決めて」的な、結果としてどちらでもいい場合と異なり、正しいか間違っているか、勝ちか負けかの判断なので、その後に影響します。勝てば満足できますが、負ければ悔しいのです。

白は正当、勝ち組、正義の味方。黒は間違いで、負け組、悪になります。それが「白黒をつける」です。

そのために、自分の正当性を主張し相手に非を認めさせるには、白でないと安心できないのです。裁判などの争いごとを見れば、明らかでしょう。

仏教では、物には固有の実体はないという空《くう》を説きます。絶対的な白も黒もないというのです。

その場の状況で白黒をつけることはできても、いつ覆《くつがえ》るかわかりません。「あなたが正しい」や「あなたは間違っている」はそのとき、その場だけで言えることで、それが永遠に固定化されているものではないのです。

ですから、白黒をつけて、得意になっていると痛い目にあいます。逆に落ちこみつづけなくていいのです。

公衆の面前で誰かを侮辱して反論されなければ、侮辱したほうは得意満面になりますが、周囲からは「大勢の前で人を侮辱するなんて、大人気ない」と蔑《さげす》まれ、信頼も人望も失います。侮辱された方は「よく我慢したね。さすがだ」と称賛されます。

〝負けるが勝ち〟です。無理に白黒なんか、つけなくてもいいですよ。

「怒る」んじゃなくて「叱る」んです

怒りはネガティブな感情なので、減らしたほうがいいと疑いもなく信じている人が、自分をおし殺して潰れそうになることがあります。

そんなとき、「怒りたいときは怒っていいんだよ」とアドバイスされることがあります。

仏教では、怒りは瞋恚《しんに》と言われ、悟りを邪魔する煩悩の一つです。ちなみに、瞋も恚も〝怒《いか》る〟という意味。

そこで、あらためて、こうした感情について整理してみます。

『角川類語新辞典』には「叱る」と「怒《おこ》る」が並んでいますが、ここに面白い注意書きがあります。

〔「おこる」は、おこる主体が感情的になり、その場限りであるが、「しかる」は相手の非を指摘し、善導しようとする意図が働いている〕

よく言われる「叱ると怒るは違う」をきれいに説明してくれていて、「怒る」より

「叱る」のほうがいいと合点がいきます。

「叱る」は、相手の非を責め、咎《とが》めながらもよいほうへ導こうとするのです。

一方〝怒《おこ》る〟ではなく〝怒《いか》る〟は、興奮して気を荒くすること。欲求が満たされないときに生じ、妨げとなっている対象に向けて攻撃的な感情が高まり、我慢できなくなって、一時に発散する状態と辞書に出ています。

怒るときは、興奮しているという点で、あきらかに、叱るとは異なります。〝丸い卵も切りようで四角、物も言い様《よう》で角が立つ〟の言葉を思い出します。

あらためて整理してみると、

怒《いか》りは、攻撃的な爆発。

怒《おこ》るは、非常に腹を立てるレベル。

仏教で瞋恚として戒めているのは、この二つです。

叱るは、相手を善導しようとする意図がある。

人としてストレートなのは怒《いか》りや怒《おこ》るですが、スマートなのは「叱る」です。スマートでいきましょう。

「我慢」が美徳とは限らない

慢《まん》はおこたる、しまりがない、ずるずる長びくの意味で、怠慢、慢心、慢性など、ほとんどよい意味では使われません。仏教語が元の我慢もその一つ。「我が有る」と勘違いすることから起こる、思いあがりを言います。

私たちが〃ある〃と思っている我はさまざまな経験や情報などの縁の集合体ですが、その経験や情報は刻一刻と千変万化するので、我に実体はない〃無我〃が仏教の基本的な考え方です。実体がないものを頼りにしても仕方ありません。

こうした思いあがりの意味が次第に変化して、今使われているような〃我を抑制、たえしのぶ、辛抱する〃意味で使われるようになりました。

辛抱する意味の我慢には、二つの方向性があります。一つは、「苦しくても我慢して練習しなさい」などの、我慢してでもやる。もう一つは「喉《のど》から手が出るほど欲しいだろうけど、我慢してあきらめる」などの、我慢してやめておくです。

こうした我慢は、私たちを成長させ、周囲に迷惑をかけないための徳目のように言われます。

確かに、わがままな子どもはそのままでは社会に馴染めませんから、我慢するのを学ぶ必要があります。学べば人間関係はかなりスムーズに運ぶようになります。その結果として、我慢を美徳として疑わない真面目な人がでてきます。

しかし、我慢するにもＴＰＯがあります。**我慢なんかしなくてもいいとき、場所、機会があるの**です。それがわからなくて、いつでも、どこでも、どんな機会でも我慢しなくてはならないと思っていると、心身が疲れきってしまいます。

自分がやりたいと思ったチャンス、めったにないチャンスは我慢しないで、遠慮なくとびついたほうがいいと思うのです。

たとえば、自分の身に危険がせまったときは我慢する必要はありません。広い公園などでは人に迷惑をかけない限り、我慢しないで自由でいいはずです。自分の心も遠慮しないで何でも想像できる自由な場です。

無礼講の場も我慢しなくてもいいはずですが、本気にしてはいけません。無礼講でも気を使わないと社会からつまはじきされます。

人生経験豊かな人に聞けば、もっとたくさんの我慢のＴＰＯが出てくるでしょう。

「心を磨いておけば、うっかり何を言っても大丈夫」

「俳句を作ろうと思ったら、五七五の最初の五の後に『庭に忘れたコマ一つ』とやればだいたい格好がつくものです」と教えてくれたのは、大正十三年生まれで、戦後NHKに入局して、その後ニッポン放送に移った村上正行アナ（平成十七年逝去）。

私は俳句の素養ゼロですが、なるほど「初雪の庭に忘れたコマ一つ」「春爛漫庭に忘れたコマ一つ」「盆踊り庭に忘れたコマ一つ」「葉が落ちて庭に忘れたコマ一つ」とやれば、何となくそれらしくなります。

この村上さんが「言葉は人を傷つけるから恐い」という発言に対して、こんなことをおっしゃっていました。

「言葉が人を傷つけることはありません。傷つけるとしたらその言葉を言った人の心が人を傷つけているんです」。

確かに、「何度言えばわかるんだ。学習能力がないんじゃないのか」という言葉で人を傷つけたとしたら、それは人をバカにする心がすでに相手を傷つけているのであって、言葉が傷つけているわけではありません。

その後、村上さんはこうつけ加えました。

「だから、心を磨いておくんです。そうすれば、何を言っても大丈夫です」。

私はその言葉を今でも思いだして、我が身と心をひきしめています。

ときどき、「素の自分を出したら嫌われてしまいそうで……」とおっしゃる方に出会います。しかし、出して嫌われるような素だからいけないのです。

上っ面で嫌われるのではなく、素の部分で嫌われるのです。素を磨いておけば、出したところで、出てしまったところで気にすることはありません。

わが家の子どもたちが思春期を迎えたころ、間違ったことをして諭すと、途中で「もう、いい！」と開きなおることがありました。これでは素を見せないでうやむやにしているのと変わりありません。そんなとき、私は「開きなおるなら、鯵《あじ》の干物みたいに腹の中を見せてみろ」と言いました。

本当はどう思っているのかは、素の自分を見せなければ理解してもらえません。余程邪悪な素でなければ、嫌われることはありません。多くの場合、「なんだ、そんなふうに思っていたのか。よく正直に言ってくれた」と共感されるものです。

誰かを〝毛嫌い〟する前に自分がすべきこと

人を嫌うことに罪悪感を覚える人がいます。

確かに、嫌いな人の悪口を言いふらせば名誉棄損という罪悪にもなりますが、**「嫌う」ことを解釈を変えて、「器量の狭い私はあの人をとても受け入れられない」とすれば、罪悪感まで抱かなくても大丈夫。**

それでも、嫌うのはネガティブな感情ですから、ためこまずに減らしたほうがいいのは事実です。

そこで、私たちが誰かのことを嫌う理由を考えてみました。

一つは、人としてまともでない人。人を脅したり、だましたり、傍らに人無きがごとくにふるまう傍若無人な人です。こういう人のそばにいると、こちらの心がすさんできますから、嫌いだと言う前に、なるべく遠ざかっていたほうがいいでしょう。

二つ目は、自分に無いものへの恐怖が隠れている場合です。チャランポランな人が「あの人は真面目すぎて嫌い」と言う場合。几帳面な人が「あの人はズボラだから嫌い」と言う場合。お酒を嗜《たしな》む程度の人が「酔っぱらいは嫌い」と言う場合。酔っぱらいが「いくら飲んでも本音一つ言わない奴は嫌いだ」と言う場合。

自分の信条にないものを持っている人は、どう扱っていいのかわからないので恐怖を覚え、それが嫌悪につながります。そういう人は気の合う人ばかりといるので、交遊関係が狭くなる恐れがあります。たくさんの人とつきあう中で、「まっ、それもありかな」と思えるゆとりのある心を作っておきたいものです。

三つ目は、自分がひた隠ししている部分を、露骨に見せる人。誰かのことを「あの人はこういうところがあるから嫌いだ」と言ったそばから「自分のことを棚に上げてよく言うよ」と言われてしまう場合です。

私の場合は人の悪口を言う人、感謝をしない傲慢な人、自分のことしか考えていない人を目の当たりにすると、「どうだ、これが本当のお前だよ」と言われているようで、とても嫌な気分になります。この場合は、謙虚になって、自分磨きに精を出します。

「あの人が行くなら、顔を合わせたくないから私は行かない」と誰かを毛嫌いする人もいますが、当の本人が〝あの人〟になっていることがあるものです。気をつけましょう。

「人の好意さえ疑ってしまう……」そんなときは

私は一度手痛い目にあっています。ある人が「講演会の講師を探している人がいたので、あなたを紹介しておきました」と電話をくれました。仏教を土台にした生き方を多くの方にお伝えしたいと思っている私にとって、ありがたい話です。無事に講演を終えて「おかげさまで無事に終わりました」とお礼の電話をしました。

ところが数カ月後、「あなた、あの人の紹介で講演会の講師をやったそうですけど、悪い人に紹介されちゃいましたね」と言われました。

理由を聞くと、その人は「私があいつを使ってやった。紹介してやった。私の言うことならたいていのことは聞くよ」と吹聴《ふいちょう》していると言うのです。

なるほど、言われてみれば、その人は何かにつけて、自分がいかにすごいかをよく自慢していました。私もその自慢の材料に使われた形です。悔しさで一杯になりましたが、講演会に来てくださった方には喜んでいただけたようなので、それだけを考えて溜飲《りゅういん》を下げました。

恩着せがましい人は、自分の好意（？）を人が受ければ「してやった」と自慢し、受けなければ「せっかくの好意を無駄にした」と怒りますから、要注意。

こうした経験から、人の好意をそのまま受け入れず、「裏に何かあるのではないか」「お志はありがたいが、お心底が恐ろしい」と疑うようになった時期がしばらくありました。「羹《あつもの》に懲りて膾《なます》を吹く」の諺《ことわざ》通り、せっかくの好意なのに「それって、あなたに何かメリットがあるんですか」と失礼なことを言ったこともありました。

しかし、仮に相手にメリットがあっても言うはずがありませんから、自分で考えるしかありません。

人の好意に対して、相手のメリットを考えるのはビジネスの世界ではよくあることでしょう。「今お買い上げの方に、もれなく○○をプレゼント」のプレゼントは好意ですが、それで売り上げが増え、宣伝にもなります。

しかし、**普通の人間関係では、欲が絡まない限り、人の好意にそれほど疑いを持たなくてもいい**と思います。考えてみれば、冒頭の講演会の件は、私の「しゃべりたい」という欲がきっかけになっているので、慎重になったほうがよかったのです。

自分の欲を減らしておけば、他人の好意に甘えるのも人間関係の潤滑剤になります。

「こんなにしてあげたのに……」は捨てなさい

僧侶である私が「布施」なんて書くと、多く人はお金のことだと思われるでしょう。しかし、お坊さんが皆さんの前でこの言葉を使うときは、多くの場合、教えとしての「布施」のことです。

布施を漢字で解釈すれば、広く（布）施しをすることですが、大切なのは施しても見返りを求めない心。自分の欲を捨てて施す心は、善意からやったことに対して見返りを求めない心と表裏一体です。

一般の社会では、何かをすればそれに対する対価が支払われます。「これをしてくれたら、こうしてあげます」が当たり前です。仕事をした対価として賃金が支払われ、物を手に入れる対価として代金を払います。

ギブ・アンド・テイクが基本になっているので、子どもを育てるときにも「何かしてもらったり、何かをもらったときには、ちゃんと『ありがとう』と言いなさい」「悪いことをしたら『ごめんなさい』と謝りなさい」としつけます。

これもある意味で、何かしてもらい、してしまったら、そのままではいけないという「対価」と言えるでしょう。

自分が何かしてもらったら、何らかの形や言葉でそれに見合ったものを相手に返すのは礼儀ですが、見返りを前提に何かするのは〝押しつけ〟になります。勝手に押しつけておいて、「お返しがない！」と憤慨すれば心はおだやかでいられません。だからこそ、仏教では布施の精神を大切にするのです。

誰かに何かしてもらった後で、その人が別の人に「私があの人のためにしてあげたのに……」と言っているのを聞けば、嫌になるでしょう。「やってくれなんて頼んだ覚えはない。小さな親切、大きなお世話だ」と怒りたくなります。

布施したつもりの本人も、布施されたつもりの人も心おだやかでいられないのなら、対価は期待しないほうがいいのです。**見返りを求める心なんか、どんどん減らしたほうがいい**のです。

ギブ・アンド・テイクの社会常識にどっぷり浸っている人には難しいかもしれませんが、〝自分はやりたいからやっただけ。それで満足なのだから、何の見返りも期待していない〟と何度も自分を納得させたほうが、ずっと楽に生きていけます。

何事も報われるときは「必ず来る」

「今が楽しければそれでいい」は、今をのびのびと楽しめない人への励ましのメッセージとして、ときどき見聞きする言葉です。

のびのび楽しく過ごせない理由で思いつくのは二つです。

一つは、「今まで我慢して生きてきたのに、そんなに楽しんでいいのだろうか」と楽しむことに罪悪感を覚えて、「今を楽しむ」という未知の扉を開けない場合。

もう一つは、『アリとキリギリス』のキリギリスのように今を楽しんでいると、将来のっぴきならない状態に陥ると心配している場合です。

こうした二つの理由で今を楽しめない人に対する「今を楽しめ」という言葉に、私は一種の無責任さを感じます。それは、私がその言葉の後の説明を聞いていないからかもしれませんが、「今を楽しめばいい」という言葉のメッセージ性の強さゆえに、その裏に隠されている、おそろしいまでの過酷な現実を忘れさせる気がするのです。

そのまま「そうだ。今を楽しめばいいんだ」と感動してしまう人は、将来大変なことになると思うのです。「今を楽しめばいい」に秘められた現実は、私たちが生きているのが〝いつでも今〟という事実です。

今を楽しんだ結果、将来困ったことになっても「困らずに、いつでも今を楽しむ」のですから大変です。どんな状況も前向きに受けいれて楽しむには相当の覚悟が必要です。愚痴を言うことも、落ちこむことも許されません。常に今を楽しまないと、それまで「今を楽しんだ」ことが後悔となって自分に襲ってきます。

その意味で「今を楽しむ」のは、目先のことにとらわれすぎていると思うのです。今がよければそれでいい、とりあえずここをしのげばそれでいいと迎合し、あるいは目先の利益を最優先させれば、近いうちに辻褄《つじつま》が合わなくなります。

「損して得とれ」「骨を削って肉を取る」「損せぬ人に儲けなし」の諺のように、今を耐え忍んだ先に得られるものはたくさんあります。失敗の先に成功があり、悲しみの先に優しさが、悩みの先に救いがあります。仏教なら修行の先に悟りがあります。

苦労するのは損だと思うかもしれませんが、必ず報われるときが来ます。

人生は（この世だけでそれが清算されるわけではありませんが）、プラスマイナスゼロです。

三歳の子どもでも知っていることが、なぜできない？

挨拶は自分から大きな声でしましょうと書くと、幼稚園じゃあるまいしと、お叱りを受けそうですが、この当たり前のことができない大人が結構いるものです。

あるとき、お釈迦さまの弟子が道を歩いていると、頭上から「おい」と声がします。見ると、道端の木の枝に年を取った仙人らしき人物が座って見ています。

「何かご用でございますか」

「ああ、お前は最近名前を聞くようになった釈迦の弟子か」

「はい。さようでございます」

「ふん。そうか。では釈迦の説く教えはどんなものだ。言ってみろ」

「はい。よいことをせよ。悪いことはするな。そういう教えでございます」

「あはははは。釈迦はバカか。そんなことは三歳の子どもでも知っておるわい」

「はい。そうでございます。三歳の子どもでも知っておりますが、それを実行するとなると、年寄りでもむずかしゅうございます」

それを聞いた仙人は、木からおりて弟子に頭を下げて「わしもお釈迦さまの弟子にしてほしい」と頼みました。

わかっていることでも、それを実行しなければ意味がありません。

「挨拶は自分から」は私が実行しようと心がけていること。

誰かと会ったとき、相手に先に挨拶されるといつも「シマッタ！」と思います。何も先制攻撃をしようというわけではありません。最初に自分が相手に気づく新鮮な気持ちをいつも持っていようと思うのです。

部屋に花が飾られていたら、誰よりも先にそれに気づいて「おお、きれいな花だ」と口にしたいのです。誰かが言ったのを聞いてから「本当だ」と気づくようでは、心の張りがなくなってきた証拠だと思うのです。

「大きな声で」は、相手のためです。お葬式のお悔やみを大きな声で言う人はいないでしょうが、それ以外は、相手の耳と心にしっかり届くように、笑顔で挨拶をしたほうがいいのは、三歳の子どもでも知っているはず。

さて、あなたは何歳になりです？

挨拶をするときは、恥ずかしさを減らしたほうが、人間関係もうまくいきます。

一杯のお茶を淹れてあげる「驚くべき効果」

私が住職をしているお寺では、十人ほどのお坊さんたちに手伝ってもらう行事が年に一度あります。十年程前に、忙しくしている家内を心配して「お坊さんたちの控室には、数種類のペットボトルを用意しておけばいいよ。自分たちで勝手に飲んでもらうから」と言いました。

これは私が他のお寺の行事に行ったときの経験から出た言葉でした。集合時間までにバラバラにやってくるお坊さんたちに、いちいちお茶を淹れていれば、家内は控室に張りついていなければなりません。住職の家族できりもりしているお寺では、行事の日に奥さんがやることは数十にのぼり、テンテコダンス（舞い）状態。それがわかっているので、ペットボトルでいいと思ったのです。

ところが家内は「そういうわけにはいかない」と頑《がん》として私の言うことを聞こうとしません（私の言うことを聞いてくれないのはそればかりではありませんが……）。

「外からやってきた人に、まず手ずから淹れるお茶に意味があるので、それをペットボトルという簡易な物で済まそうという了見はない。仮に、ペットボトルを別に用意しておくにせよ、まず私がお茶を淹れる」と言うのです。

そんな家内は、私がこうして原稿にかかりっきりになっているときも、時々「はい、お茶よ」「コーヒー淹れたよ」と持ってきてくれます。なるほど、そのとき彼女からペットボトルを渡されたら、私は面食らうでしょう。

旅に出て旅館の部屋に案内されたら、テーブルの上にペットボトルが置いてあり、「ご自由にお召しあがりください」と書いた紙が置いてあるのと同じような、味気ない気分になるでしょう。久しぶりに実家へ帰って、ペットボトルが最初に出てきても同じ気分になるでしょう。

「まあ、お茶でも一杯、召しあがれ」と出されたお茶の裏側には、「そんなに気を張ってばかりいてはお疲れでしょう。一息ついて心に余裕を持たせるか、リフレッシュされたらいかがですか」というメッセージが込められています。

お茶やコーヒーの味や香りに、優しい心遣いという風味が加わるのです。便利なペットボトルが全盛ですが、やはり人が手ずから淹れてくれた飲み物は、湯飲みやカップから人の思いがあふれ出るので、味が違うのですね。

心が疲れたときは「期待」を減らしてみる

よい結果になりますように、望んでいるようになりますようにと待つことを〝期待〟と言いますが、期も待も漢字の意味は「待つ」。自分からよい結果をつかみ取るのではなく、最後は「待つ」しかないという含蓄のある言葉です。

聞いた話ですが、出版社には原稿を送ってきたり、持参して「本にしてください」と頼む人が大勢いるそうです。自分の本が世に出るのを夢見てか、あるいはいくらかでも世の中のお役に立てばという謙虚な思いからか、理由はさまざまでしょうが、原稿を出した後はひたすら担当者からの返事を待つだけです。書いた人ができるのは原稿を書いて、それを出版社に届けるまで。後はひたすら待つしかありません。

しかし、いくら採用を期待しても出版社の事情もありますから、不採用になることもあります。これは就職活動でも同じこと。相手に何か期待しても、相手にも事情があるので、期待外れになることが往々にしてあるのが人生です。

それなら相手がいない場で、自分でやるだけやって待てば望みが叶うかと言えば、相手がいるときより確率は高くなるにせよ、これも限界があります。

ダイエットに相手はいませんが、努力すれば必ず目標の体重まで痩せられるかと言えば、そんなことはありません。私など、ダイエットしようと思った日に美味しいご馳走が出て「明日からにしよう」と予定を変更した回数は、両手両足の指の数では足りません。いざダイエットを始めて体重が減るのを待っても、ガクンと落ちた体重が一定期間まったく落ちないこともよくありました。仕事に活かすためにキャリアを積んでオファーを待っていても、より優秀な人材が現れれば自分の出番はありません。

期待を別の言葉で言えば〝自分の都合〟です。仏教の考え方では、〝苦＝都合通りにならないこと〟です。

自分の都合通りにならないことを、私たちは苦と感じます。ですから都合があればあるほど、苦も増えることになります。元へ戻せば、期待が多いほど苦が増え、期待が大きければ苦も大きくなります。

期待を減らすのは、期待が外れるのを恐れて消極的に生きていくように思われるかもしれません。しかし、心おだやかに生きていくには、とてもよい方法なのです。

待つのに疲れたら、望みを減らすといいですよ。

遠慮も〝ほどほど〟にしておきなさい

日本には自分よりも他を敬う文化のようなものがあって（きっと江戸時代あたりから）、太陽を「お天道さま」「お日さま」、月を「お月さま」、味噌汁に至っては「お味噌汁」だけでなく「御御御《おみお》付け」という始末。

こうした丁寧な言い方の中に、他人のことを「人さま」と呼ぶ習慣があります。

それくらい大切な他人であれば、迷惑をかけては申し訳ないので、第二次大戦以前に生まれた人たちは「人の迷惑」ではなく、「人さまの迷惑にならぬよう」が口癖でした。昭和二年生まれの母も、よくこの言葉を言っていました。

欧米が「罪の文化」なのに対して、日本は「恥の文化」と言われますから、人さまの迷惑になることをするのは、恥知らずとほぼ同義語だったでしょう。

実際に母は「そんなことをしたら恥ずかしいでしょ」も口癖でした（それだけ私がまっとうなことをしていなかった証でもありますが……）。

そんな母に育てられた私も、思春期までは人さまの迷惑にならないよう、恥ずかしいことはしないように細心の注意を払っていた記憶があります。

ところが、思春期を過ぎると、あることに気づきます。それは「迷惑かどうかは最終的に、相手が決める問題なのだ」ということです。

こちらが迷惑だと思って遠慮しても、相手はそう思っていないこともあります。居酒屋さんで注文をすると、どんなに忙しそうでも「はい、喜んで！」と答えてくれるのは、「ちっとも、迷惑じゃありませんよ」という意思表示（のはず）です。

逆に、こちらはそんなつもりはないのに、相手が迷惑だと思う場合もあります。いきなり訪問したり、夜中に電話をする、お金の無心をするなどは相手に迷惑ですから、控えるのが常識だと思うのですが、それさえ平気でやる人もいます。

過度に人さまに迷惑をかけるのを気づかう人は、些細なことでも「お願いすると迷惑がられるのではないか」と心配になります。そのくらい気づかいができる人のお願いなら、迷惑になることはほとんどありません。相手はきっと心の底から「はい、喜んで！」とお願いを聞いてくれます。

迷惑かどうかは最終的に相手が決める問題です。遠慮もほどほどにしておいていいですよ。

相手のことを思う「わがまま」だってある

私は誰かが関係することをやる場合、一度「これって、私のわがままか？」と思うようにしています。「お風呂、沸いたよ」と言われて「まだいいや」と言いながら「これは私のわがままか？」と思うのです。五人家族なので最初に入る者と最後に入る者では二時間近く差が出ます。全員が互いのことを考えないと、入りたいときに入れない人が出ることになります。

一人の都合が他の人の都合とぶつかるのは、一本橋の両側から二人が歩いてきて途中でぶつかるような物です。どちらかが避けて相手を通さなければ、二人とも行きたいほうへ行けません。

わがままというのは、「私が通るから、あなたはどきなさい」と主張しているようなもので、相手のことを考えずに自分の思いを通そうとすることです。

夕飯を鍋料理にすることが決まり、何鍋にするかの家族会議を開催。醤油かキムチにするかで議論が分かれます。最終的にキムチ鍋に決定し、美味しくいただきながらも「二つ候補があったのに、食べたかった醤油味ではなく、こうしてキムチ鍋を美味しく食べているのがよく分からないんだよねぇ」と、わがままが通らなかったことを他人ごとのように笑いながら言えていれば、可愛いものです。

私たちは、わがままはいけないと教えられていますが、それは前述の通り他人のことを考えずに我を通そうとするためです。ですから、相手の気持ちを忖度《そんたく》すれば、わがままも時には美徳になります。

代表的なのが「わがまま言って申し訳ないんだけど」で始まる場合、こちらの気持ちを察しながらも自分の思いを通したいのだとわかります。

「わがまま言って申し訳ないんだけど、美味しいお店ができたらしいんだけど、一人で行く勇気がないからつきあってくれない？」と言われれば、気持ちよく「いいよ」と答えるでしょう。

さらに、相手の思いを無理やり優先させる愉快なわがままがあります。

遠慮する私を尻目に、友人が「俺はまだ我を押し通そうとするほど不幸じゃないから、お先にどうぞ」と言ったときは、「恐れ入りました」と苦笑いしました。

同じわがままなら、相手のことを思った上で、わがままを言いましょう。

3章

生活の〝贅肉〟をそぎ落とすヒント

――「それ」は、あなたに必要ない

物、物、物……の生活からの脱却法

次々に増えていく物、物、物。私にとって他人ごとではありません。では、どうやって増えたか分析してみると……。


勧められて買ったのはいいけれど、自分のライフスタイルに合わなかったお猪口《ちょこ》。

ストレスを発散するためにやけ買いした男のロマン〝電動ドライバー〟。

流行に乗り遅れてはいけないと買ったはいいけれど、今や流行遅れのネクタイ。

買ったのはいいけれど、家に帰ってみたらいくつもある、同じようなスニーカー。

「欲しい！」と衝動買いしたけれど、いつまでたっても活躍しない百色色鉛筆。

どうしても欲しくて買ったけれど、金欠病の最大原因になった高機能ノートPC。

とりあえず買ってしまったけれど、考えてみれば無くてもよかった懐中時計。

セール品の言葉に、買わないと損だと勘違いして買ってしまった多量の手漉《す》き和紙。

海外旅行で、今だけ、ここだけという限定品意識で買ってしまった演奏方法さえわからない民族楽器。

今回、こうした苦い経験をふまえて、「買う前かぞえ唄」を作詞してみました。ミュージシャンの方、どなたか曲をつけてお歌いになりませんか？　※行末の括弧は合いの手です。

一つ、人から「あれいいよ」。自分の頭で考えな。（そりゃ、考えな）
二つ、不機嫌やけくそ買い。後悔するからやめときな。（そりゃ、やめときな）
三つ、みんなの流行《はや》りもの。流行り過ぎればただのゴミ。（そりゃ、ただのゴミ）
四つ、よく似た物ないか。すでにあるかを確かめな。（そりゃ、確かめな）
五つ、今すぐ使うのか。使わないなら次にしな。（そりゃ、次にしな）
六つ、無理して払うのか。お金ないならあきらめな。（そりゃ、あきらめな）
七つ、なければ困るのか。困らないなら我慢しな。（そりゃ、我慢しな）
八つ、安いというだけで、欲しくないなら無視をしな。（そりゃ、無視をしな）
九つ、ここだけ限定品。うたい文句につられるな。（そりゃ、つられるな）
十で、とうとう買う気かな？　置く場所ないなら見送りな。（そりゃ、見送りな）
※右の歌詞は著作権フリーです。

まずは「十個」減らすことから始めよう

テレビ番組で、スッキリ・シンプルライフのための片づけ術として、机の引き出しを毎週一つ整理する方法が紹介されていました。一度に片づけをしたい人が、途中でアルバムを見つけ作業が延々とストップしたり、疲れて中断するのを防ぐ方法だそうです。「今日はここだけ」とパッケージのように整理していく方法です。

138ページで「お粥《かゆ》の十徳」にふれますが、私たちは何かをまとめるとき、十を目安にすることが多々あります。

ベストテンは言うに及ばず、古来「茶の十徳」「香の十徳」「酒の十徳」なども伝わっています。年末に発表される「今年の十大ニュース」「お釈迦さまの十大弟子」などのほか、仏教では在家信者用に「十善戒」があります。また、弘法大師（空海）も人の心を十段階に分けた『十住心論』を著しています。

きりのいい十という数を利用して、スマートフォンのアプリや、夏冬の普段着や下着、ハンカチなどをそれぞれ十に絞りこむ（まだ多いですかね？）のも、生活をスッキリさせるのに有効でしょう――と書きましたが、さて私の身のまわりの一つのカテゴリーで、十に絞りこめるようなものは、あまりありません。音楽ＣＤ、筆を含めた筆記具、本などはとても十では無理です。

そこで、提案するのは**持っている物すべての中から、ランダムに十個減らすこと。**これなら、できそうです。毎月十個減らしていけば、一年で百個減ります。その間に増えるものもあるでしょうが、何もしないでいれば膨大な物や情報があふれだして、それに溺れることになります。

読者の中には、「自分は一人暮らしだから、もともと部屋にそんなに物が入らないので、毎月十個減らしたりなんかしたら、部屋の中が空き部屋になってしまう」と思う方もいるでしょう。しかし、実家に置いてある荷物はどうでしょう。あるいは、トランクルームに預けている物はどうでしょう。

ちなみにこの項目を書き始めて三日たちますが、この三日間、私は毎日十個減らしています。

私にしか処分できない物が、まだまだあふれています。四角い部屋を四角く掃除できる日が早く来るのを楽しみにして、明日も十個減らしていこうと思います。

捨てるのが惜しいときは「新陳代謝」と考える

増えていく物はどこかでストップをかけないと、部屋や自分が物理的に物で埋まってしまいます。整理がつけられないほど増えてしまえば、あれはどこだっけと、物探しに時間と労力を取られます。

あるとき、段ボールを切りたくて、ハサミを三十分も探したことがあります。三十分かけて探したハサミで段ボールを切る時間は一分でした。

このままだと、残された人生の時間のうち多くを物探しに費やすことになると気づいて唖然としました。整理下手を克服すればいいのですが、いずれにしろ物が多すぎるので減らすようにしています。

これ以上減らすのは難しい所まできたときにやるのが、新しい物を買ったら、古い物か、そろそろ飽きてきた物を処分して数の上で現状維持を心がけることです。

私の場合、薩摩切子のぐい飲みを手に入れた代わりに、逆さ富士をモチーフにしたぐい飲みにバイバイしました。もともとこのぐい飲みは、置くと不安定きわまりなく、注いだお酒は私の口に入るより、テーブルの上にこぼれることのほうが多いというい たずらっこでした。

別項でも触れましたが、シャツ、ソックス、靴などは数を決めて、一つ増えたら一つ処分する努力をしています。周囲は「まだ使えるのに捨てちゃうの？　勿体ない」と言います。私も親から物は大切に使いなさいと教えられてきたうちの一人ですが、私には物が増えて整理がつかない心の負担のほうが大きいのです。

勿体ないと思う心と、増えていく物に乱される心――バランスが難しいところですが、六十歳を前にして、いつこの世にお別れするかわからない私は、後者を優先させて、人目につかないように「長い間、ありがとう」と思いながら処分します（人目につくと、また「勿体ない」と言われるからです）。

新しいものの登場によって、古いものが去っていくのは世の習いでもあります。さまざまな組織でも、若い人が入ってくれば古株は潔く身を引きます。いつまでもしがみついていれば、新陳代謝ができません。

新しい物を買って古い物を処分するのを勿体ないと思わず、新陳代謝だと割りきってはいかがでしょう。

「いつか使うかも」の「いつか」は来ません

旅に出て目的の場所を訪ねてみると、地元の人に「あまり観光では行かないけれど、実はこちらのほうが見どころですよ」と言われることがあります。しかし、スケジュールがあって悔し涙、後ろ髪を引かれる思いで「残念ですが、次の機会にします」と移動します。

私には「また今度行ってみたい」場所で、そのまま二十年以上放ってある所が数十カ所あります。「機会を作らないと行けない」のですが、機会を作る前に別の場所に行きたくなるので、このままでは「次の機会」は生きている間には来ないだろうと、薄々わかっています。

こうしたことは場所だけではなく、人にも当てはまります。「次はいつお会いできるか楽しみです」と握手をしてお別れした人と、そのままになって年賀状のやり取りだけになる人が数百人います。

同じ人にもう一度会うよりも、新しい人と会うほうが多いので、かつて〝また会う〟と別れた方々と再会するのは、あの世かもしれないと思うこともあります。

また今度、いつかまた……。そんなことを日常で考えるのは、本でも同じ。一度読んで感激、感動した本は、もう一度読んで同じ感激や感動を味わいたいと思って何十冊も本棚に並んでいますが、まず読みかえしません。それに気づいて、なるべく本は処分するようになりました。

確かに、処分した本の内容が記憶に残っていて、資料としてもう一度確認しなければならず、あらためて買いなおすこともありますが、それはそれでそのときに必要になったのですから、仕方ありません。**「あのとき、処分しないで保存しておけばよかった」という未練は捨てます。**

このように、「また今度行こう」「いつかまたお会いしましょう」「いつか読みかえしたい」の〝今度〟や〝いつか〟は、自分でその機会を作らない限りやってきません。

これを物にも応用するのです。「いつか使うかもしれない」と保管しておいても、〝いつか〟は、文字通りいつやってくるかわかりません。その機会をいくら待っても向こうからはやってきません。「いつか使うかもしれない」としまい込んでいる物たちの「そろそろお役御免にしてくださいませんか」という声、聞こえてきませんか？

買い物のときに思い出したい〝計算式〟

「買い物をするときは、値段を使用回数で割る」という目から鱗のような方法を知ったのは、つい最近のことです。

自分の気に入った物、想い出の物、使いやすい物はなかなか捨てられません。私の場合は、家族が「そこまで使う?」と、眉《まゆ》をしかめるほど着古したTシャツやバッグなどがあります。あるとき、「買った値段分は、充分使ったでしょ」と言われて、「なるほど、そういう考え方もあるな。それじゃ、長い間お疲れさま」とTシャツは洗濯してから、バッグはきれいにしてから処分したことがあります。

しかし、そのときの経験を、物を買うときに応用しようとは思いませんでした。千円の物を一回しか使わないのと、五万円の物を五十回使うのは同じだという感覚は私にはありません。何が同じなのかは、未だによくわからないのです。

一足千円のビニール雪駄と、一足五万円の本畳やエナメルの雪駄はあきらかに物が違うのです。使用回数の問題ではありません。三足千円のソックスと一足千円のソックスは、明らかに品質やデザインに差があります。

では、「値段に見合うほど使わないから、買うのはあきらめよう」と思って、増やさないですむ物は何でしょう。

そんな面白いことを一人で考えては勿体ないので、家族に聞きました。

「値段を使用回数で割る計算式が効果を発揮するのは何だ？」

最初に出たのは包丁でした。普通の家では、よく切れる包丁があればどうにかなります。滅多に使わない刺身包丁や中華包丁は、使用頻度から言って不要という意見。

その後に出たのが成人式の晴れ着、ウェディングドレス。交通の便がいい町に住んでいる人の乗用車、別荘、果てはDVD、CD。「本も一回しか読まないからねぇ」と言われたときには、本を出している者として、さすがに複雑な心境になりました。

こうして、三人よれば文殊の知恵。値段割る使用回数を考えたほうがいい物は、とどのつまりほとんどがレンタルされている物というのがわが家の結論。

スッキリした生活をするためには、買い物をする前に、それがレンタルされているかどうかを考えるといいようです。レンタルされていれば、使用頻度のわりに高い物なのです。買い物をするとき、一つの参考になさってみてはいかがでしょう。

「これ以上持たない」ルールを決める

生活をスッキリさせるために、物を買う前に「値段を使用回数で割る」計算をする方法を知ったころ、「必要な数を決める」という方法があることも知りました。

身のまわりの物を整理するのに、「三年使わなかったら処分する」という方法はあちこちで聞くようになったので、かなり定着していて、私もなるべく実践しています。

しかし、「必要な数を決めて、それ以上増やさない」という発想はありませんでした。多くの場合は「たくさんあるから買うのをやめておこう」とアバウトな自主規制ですり抜けてきた気がします。

それでも、物は増えていきます。プレゼントされた物、景品でもらった物、すでに持っているのを忘れて買ってしまった物などが、テトリスゲームの上から落ちてくるブロックのようにつみ重なっていきます。ついには、あふれだした物の入れ物を買いたくなります。

食器が増えて食器棚が欲しくなり、洋服が増えてタンスが必要になり、靴が増えて下駄箱（最近はこんな言い方しませんかね？）を買いたし、本が増えて本棚を増設しようという具合。入れ物に余裕があれば、そこを埋めるために、また物が増えます。聞くと、**スマートな生活をしている人は、増えそうな物の必要な数を決めているそ**うです。

古来、世俗を離れて簡素な生活を送ることを旨にしてきた僧侶の持ち物は三衣《さんね》一鉢《いっぱつ》と言われます。三衣は下着、普段着、上着（かなり大雑把な説明です）。そして托鉢をしていただいた食べ物を入れるための鉢。これに座るときの敷物と、水漉《こ》し器を加えて六つでいいと言われます。皆さんとほぼ同じ暮らしをしている私には、とても無理ですが、それでも数を決める方法は魅力的です。

具体的に数値設定してみると、現在のライフスタイルが鮮明になって、行く手を遮《さえぎ》っている物たちが、通り道をあけてくれるでしょう。わが家の内情を暴露するようで気が引けますが、私が考えたわが家の「必要数を決める」チェックリストをあげます。

春夏秋冬の服・靴・ソックス・冷蔵庫にくっついているマグネット・犬・帽子・お皿・筆記具・カレンダー・バッグ・クッキーの空き缶・タオル・ドレッシング・マグカップ・ポケットティッシュ。あなたなら、何をリストアップしますか。

貧乏性な人は、「安い物をたくさん」買っている

昭和二年生まれの母は「安物買いの銭失い」とよく言っていました。安い物はそれなりの理由があるはずです。ですから、安いだけでとびつかずに「どうして安いのか」を考える時間を持ちたいものです。

素材や製造工程にコストをかけていないので安いものもあります。粗悪品とまではいかなくても、高い使用頻度や長期間の使用には耐えられません。

人気のない売れのこり商品も安くなります。十二月二十六日のクリスマスケーキ、イベント終了後のグッズもそれに当たります。

大量生産のために安い物、企業努力で安くなっている物もあります。全国どこでも同じ商品を扱っているなら、安いお店で買うのは消費者心理として当然です。

気をつけたいのは、安いというだけでたくさん買う人。『新明解国語辞典』で「貧乏性」を調べると、〔①貧乏でもないのに、ゆとりのある気分になれず、けちけちして暮らす（くよくよする）性質。②どうしても貧乏になる性質〕とあります。

安い物をたくさん買う人は、①の〝貧乏でもないのに、ゆとりのある気分になれず、けちけちして暮らす〟貧乏性の可能性が大です。どうして安いのか、たくさん買う必要や価値はあるのか、高くてもいいものを買う選択肢はないのかと、一度冷静になって考えたほうがいいでしょう。

母に「安物買いの銭失い」とさんざん言われつづけた私は、「お買い得」という言葉に魅力を感じたときの戒めとして、いくつか言葉を考えました。

「お買い得、目の毒・気の毒・晴耕雨読」。見れば欲しくなるので目の毒です。そして、それは気（心）の毒にもなります。

そんな貧乏性から離れて、悠々と晴耕雨読の生活をしたほうがいいと思うのです。「晴耕雨読」ではなく「天涯孤独」でも通用します。安い物をたくさん買っていれば周囲はあきれ、そのうちに誰も相手にしなくなり孤立することもあります。また、**「お買い得、目の毒・気の毒・振りほどく」**と、買いたい欲求を振りほどく場合もあります。

「安い物をたくさん」より「高くてもいい物を少し」を習慣にしたいですね。心を貧乏にしちゃいけません。

あなたの机の引き出しの中は、快適ですか？

わが家の台所は、シンクが二つ並んでいるタイプですが、一方の蓋をしないとまな板を置けず、調理場所が確保できません。慣れた家内は鍋や笊《ざる》の間にあいた小さなスペースを使って、いくつもの料理を同時に作っていきますが、私はキャベツを切るだけでも25㎝×45㎝程度のまな板が必要です。

そのために調理台に余計な物を置いておけません。洗い終わった食器類、さっき使ったフライ返しや調味料は、その場から撤去して、調理台を確保するのです。

こうした経験から、何かを始め、取りくむためには、まず作業場をしっかり確保することが大切だと思うようになりました。

そのとき使うものだけを、その場にセットできるようにしておくのです。いわば整理整頓です。

気がつけば、わが家の台所は、家内のおかげでスプーンはここ、しゃもじはあそこ、おたまはあっちと整理されているので、使いやすいことこの上ありません。家内にしてみれば、台所は自分のお城ですから、使い勝手よくしておくのは当然のことかもしれません。きっと、皆さんの家の台所もきちんと整理整頓されていることでしょう。

ところが、私の部屋は台所ほど整理整頓されていません。おかげで、何か始めようとするたびに「あれはどこへおいたかな？」と、探し物に明け暮れ、なかなか仕事に取りかかれないような始末。非効率なことこの上ありません。原稿を書こうと机の前に座っても、キーボードを置くスペースさえないようなありさまです。

こうして見てみると、ワンルームでない限り、家の部屋にはリビング、寝室、納戸など役割に応じて整理されています。細かく見れば、台所では台所用品が整理整頓され、タンスの中も整理されているでしょう。

大きな場所ほど整理整頓されていて、机の上や引き出し、果てはバッグなど小さくなるほど物がゴチャゴチャになっている気がします。**この小さなスペースを細かく整理整頓すると、快適な生活ができます。**

どうでしょう。そろそろ身近なところにある引き出しや机の上の整理整頓から始めませんか。

そのとき、物を減らしたほうが整理しやすいのは言うまでもありません。

「旅先で買える物」は持って行かない

ある檀家さん。子どもたちも独立し、奥さまを亡くされて気軽な独り身。年に何度も旅行に行きます。六日間の四国一周旅行を自分で計画して、出かける前に奥さまのお墓参りにやってきました。「旅行前の儀式のようなものですよ」とはご本人の弁。

六日間では荷物が大変でしょうと聞くと、小さなリュック一つだと言います。「せっかく旅に出るのに、荷物が多ければ、気軽に楽しめません。旅先で買える物は、持って行きません」という達人ぶり。

傘も持たないと言います。雨が降るかどうかわからないし、どこの宿にも貸傘があるから、チェックインさえすれば困らない。万が一のときだって、コンビニでも買えるし、傘代わりの帽子が一つあればたいてい凌げる。

ちなみに旅先で買った傘は宿にあげてくるそうです。下着もワンセットあれば、途中で洗濯しながら行くから大丈夫と太鼓判。

確かに、旅先には必要な物だけ持って行けば、それで済みます。「もしも……」を想定すれば、部屋ごと引きずっていかなければなりません。**荷物を減らせば、旅先でのフットワークも軽くなり、ひいては人生を軽快に歩いていけるでしょう。**

右の檀家さんのおかげで私も気軽、身軽に旅ができるようになりました。心配性の人は「旅先で買える物は持って行かない」など想像も、実践もできないでしょうが、一度やってみると思いのほか大丈夫なものです。旅先で買える物は持って行かないのは、やはり賢い選択だと思います。

旅の達人がどうおっしゃるかわかりませんが、よく言われるのが「旅に出るときは、そろそろ処分しようと思う下着やソックスを履いて、捨てて帰ってくる」という方法。何の疑いもなく大いに賛同していたのですが、あるとき、年配のご婦人たちの前でその話をしたら、思わぬ反撃にあいました。

「旅に限らず、外出するときは、病院に運ばれたときのことを考えて、きれいな下着をつけるのが当たり前でしょう。汚くなった下着を捨ててくるなんて、先方に失礼です。処分するなら自宅で。外出するときはきれいな下着をつけるんですよ」。

それを聞いた私は、過去に旅先でかけた数々の迷惑と非礼を心の中で詫び、家内に下着を買ってきてくれと頼みました。

本棚の整理がちょっと楽しくなる話

お寺にあるたくさんのお経の本は、整理するのにとても困ります。というのは、お経は蛇腹で背表紙にあたる部分がなく、題名は表に書いてあります。背表紙がないのでそのまま本棚に棚差しすれば、探すのに一苦労、積みあげればなおさら困ります。

そこで、お経の本に筒状のカバーを作って、無理に背表紙をつけることになります。これで棚差ししても在り処《か》がすぐにわかります。

電子書籍化が進んでいるので、本を増やしたくない人はタブレットで読むことが多くなりましたが、やはり紙がいいという人はまだまだ多数をしめるでしょう。電子書籍化されないお気に入りの本もたくさんあることでしょう。

本がきれいに整理されているお宅に伺って気づくのは、サイズ別に棚に収納されていること。文庫、新書、単行本、雑誌が背の順に並んでいるのは、見た目にも気持ちのよいものです。

一度読んで気に入った本の中で、くりかえし読む本がどれだけあるかわかりませんが、捨てたり、古書店に売るのは忍びないような想い出の本は、その人の心の遍歴として飾っておきたいものです。

想い出の本、実用書、人に題名だけ見せるための本など、それぞれを種類別で分けて収納する方法も個性が垣間見えて面白いと思います。雑誌はマガジンラックに入るだけの量をキープしている人もいます。

研究者や作家のように、本を資料として収集しなければならない人以外は、百冊単位の本は必要なく、多くて数十冊でしょう。それなら整理もしやすくなるはずです。

もし、本棚に乱雑に本が並んでいるようなら、一度自分の好みに合わせた整理をされることをお勧めします。

買ったまま読まないでいた本も出てくるかもしれません。ドッグイヤーや傍線が引かれた本の頁を久しぶりにめくり、「なぜこんな所にドッグイヤーを作ったのだろう」「この傍線の箇所で何を感じたのだろう」と当時の記憶をたぐるのも楽しいものです。

私が本棚を整理するときの何よりの楽しみは、本や本棚の裏側に落ちているお金や、消えたと思っていた小物類を発見したとき。あなたもそのドキドキを味わいながら、本棚整理をしてみませんか。

買いだめをやめるべし

「これ見てよ」と玄関からリビングへと延びる幅一メートルほどの廊下。その片側にトイレットペーパー、ミネラルウォーター、カップ麺、カセットボンベ、ウェットティッシュが箱に入ったまま、うずたかく積まれています。

うずたかいを漢字で書くと「堆い」。堆積物の堆です。

家長が「これ見てよ」とげんなりする意味がわかるというもの。その堆積物のおかげで、私たちはリビングまでカニのように、横歩きして進むしかありませんでした。

「どうしたんだ、こんなに?」と聞くと、「パニックになってね。そこいら中かけまわって集めたんだ」と言います。そこは、東日本大震災発生二カ月後に訪れた、都内に住む友人のマンションです。

「被災地に送るのかい?」と聞くと、「違うよ。自分のためさ」と自虐的な笑いをうかべます。

「これだけの量を、一軒の家で使うのは大変そうだな」

「ゆうに一カ月は外に出ないで暮らせるかもしれない。少し持って帰らないか？」

「いや。実はウチは万が一のとき、避難してきた三家族が一週間暮らせるだけの備蓄があるんだ」

「へぇ。お寺って大変だな」

「まあね。それにしても、パニックのなせるわざとはいえ、これだけあると家康の言葉を思い出すね」

「『不自由を常と思えば不足なし。心に望み起こらば、困窮したる時を思い出すべし』か。まったくだ。恥ずかしいよ。本当に必要な人が買えなくなったらしいしね」

災害に備えて、ライフラインが復旧するまでの三日間から一週間程度の備蓄は、今や日本では当たり前になりました。

しかし、今でも日用品を買いだめする心配性の人がいます。日用品を安いときに買いだめして家計の負担を軽くしようとする人もいます。流しの下や、ストッカーなどに同じ品物がいくつもあって、まるで商店のよう。

生活必需品は一カ月程度先を見越しておけば充分。買いだめする必要なんてありませんよ。

「誰かにあげる」という選択肢もある

物をためこまないためにはこれ以上買わないか、一つ買ったら一つ処分するかです。そして今よりも減らすなら、売るか、捨てるか、あげるかです。

売る場は、ネットオークション、フリーマーケット、ガレージセール、リサイクルショップなどがあるでしょう。物が減って多少なりとも利益があれば一石二鳥です。

しかし、売れない場合は捨てるか、あげるかでしょう。**捨てるには忍びない、勿体ないと思うなら、誰かにもらってもらえば物の命が活かされます。**

兄弟がいれば、衣類はだいたい下へ受けつがれます。私は小学校のとき、襟にレースがついている、姉のおさがりの肌着を着せられていた時期があります。

ある日、身体測定があるのを忘れて、それを着て学校へ行ったことがありました。「シャツ一枚になって保健室へ」という先生の言葉に、顔から火が出ました。クラス全員が教室を出たのを確かめて、シャツ姿になったところに、忘れ物をした友達が一人帰ってきて、「あー！　女のシャツ着てる！」と言われたときには、この世の終わりだと思った物です。結果的に、姉のシャツをランドセルの底に押し込み、ボタンのついた普通のシャツを着て保健室へ向かいました。

帰宅して、母にそのことを涙ながらに訴えたのを今も覚えています。

まだ着られる衣類は、福祉施設や海外支援団体でも受けつけていますから、調べてみるといいでしょう。私の住んでいる江戸川区では、古着や古布を回収して中古衣料やウエス（工業用雑巾）、また糸をほぐしてフェルト状に加工して、軍手やカーペットなどにリサイクルしています。本なら近くの図書館にもらってもらう手もあります。さて、僧侶の私にとって〝誰かにもらってもらう〟で思いだすのは〝形見分け〟です。亡き人の想い出として遺品の中から親しい人にもらってもらう習慣です。

形見分けにはいくつかのポイントがありますが、捨てられない物を誰かにあげるという点で共通することがあるので、五つご紹介します。
①まだ使える物をさしあげる。②衣類などはサイズ違いや流行があるので、小物などにリメイクしてさしあげる。③基本的に目上の人にはさしあげない。④気軽にもらってもらうため包装しない。⑤高価な物、貴重な物は価値がわかる人にさしあげる。
何かを処分するときは〝生前形見分け〟のつもりで誰かにさしあげてはどうですか。

捨てられない物は「仏さまにお任せ」してみては？

本書は、〝ためなければ、心の負担が軽くなる〟というテーマで書いているのですが、ためてしまう人に、ただ「ためないほうがいいですよ」と申しあげても、ほとんど意味はありません。

気になってしまう人への「気にしなさんな」や、忘れられないで困っている人への「忘れちゃえ」と同様、空まわりです。

空まわり防止のために、特にこの項目では、あえて「手紙や名刺が処分できないなら、思う存分ためこんでみましょう」と申しあげようと思います。

やるだけやって、にっちもさっちもいかなくなったとき、ではどうするかという知恵の力が発揮されることがあるからです。

場所をとらない電子メールならばまだしも、大切な人からの直筆の手紙は、その人の思いが詰まっているような気がして、誰に見られているわけでもないのに、ゴミ箱に捨てたり、シュレッダーで切りきざむのは抵抗があるでしょう。まるで、その人のあたたかい思いをゴミ箱に捨て、切りきざむような気がするからです。

八十歳を過ぎても、小学校のときに先生からもらった手紙を大切に保管している人がいます。結婚前にもらったラブレターを証拠代わりに取っておく人もいます。

名刺一枚も、単に名前や所属、会社の住所というデータのほかに、想い出がこもっている場合があるでしょう。こちらから連絡は取らなくても、つい保存しておきたくなる名刺はあります。

そのような手紙や名刺が増えていきます。二十代のころ、私の手元にはみかん箱二杯分の手紙がありました。残念ながら、その後は忙しい日々を送るようになって、過去の想い出にひたる時間がなくなったので、思いきって処分しました。

問題は「処分の仕方」だと思うのです。ある奥さまは定年退職されたご主人の給与明細をすべて、新しく建てる倉庫の基礎部分に埋めました。別の奥さまは、手紙類は焚き火のときに一緒に燃やしたそうです。人の思いをゴミとして処分しない知恵です。

年末になるとお寺や神社の境内で行なわれる“お焚き上げ”は、神棚や仏壇などに供えていた物を燃やすための物ですが、許可をもらえば大切な手紙類でも大丈夫。火の力で神さまや仏さまに届けて処分を任せてしまうのも、よい方法ですよ。

「床に物を置く」のがいけない、これだけの理由

お坊さんの呼び名はたくさんありますが、その中に「方丈《ほうじょう》さん」という言い方があります。方丈は一丈四方のことで、四畳半のこと。

『維摩経《ゆいまぎょう》』の主人公の維摩は、インドの大変なお金持ちですが、お釈迦さまの弟子たちも敵《かな》わないほどの仏教の精通者。あるとき、維摩が病気になったのでお釈迦さまが「誰か、お見舞いに行っておいで」と言っても、尻込みして誰も行こうとしないくらいの人物。

この維摩の居室が一丈四方だったことから、住職の居室、あるいは住職のことを「方丈さん」と呼ぶようになりました。

何もない四畳半は狭いながらも、さっぱりした空間。「立って半畳、寝て一畳」の言葉の通り、人が占有できる面積などたかが知れていますから、物さえなければ四畳半も、気の持ちようで大草原のようなものです。

ところが、ここに物が置かれるといけません。とたんに狭くなります。「四角い部

屋を丸く掃く」は、四隅にたまるホコリを掃除しないという意味で、物事を適当にごまかして行なう人に使われる言葉ですが、部屋に物を置けば、ますます隅の数が増えてホコリもたまりやすくなります。

加えて、何か物を置けば、それがそのまま台に早変わり。次々に物が積まれ、下に積まれた物を探すのも取りだすのも、ひどく厄介な仕事になります。こうして、かつて四角い箱だった部屋は、小さなコンテナ基地の様相を呈することになります。

皆さんの部屋のことを言っているのではありません。私のお寺の住職室のことを言っているのです。ちなみに、この住職室の広さは十二畳ですが、歩ける空間は半分もありません。

ですから、床に物を置かないほうがいいのです。**床に置いた物は、他のガラクタを磁石のようにひき寄せ、積みあげる強力なパワーを秘めています。**最初の小さな一つ（ダンボール箱でも）が、すぐに巨大な固まりに成長してしまいます。そして、いつの間にか部屋は倉庫になります。倉庫で暮らすほど落ちぶれてはいないでしょう。

そのために、床には物を置かないほうがいいのです。収納からあふれて床に置かれた物はとてもさびしがり屋。仲間を増やそうとしますよ。

〝積ん読〟を見直そう

知り合いの中に何人か、雑誌を定期購読している人がいます。雑誌というくらいですから、一つのテーマにそった雑多なコンテンツで構成されています。ちなみに、家内が買った女性向けの月間雑誌の目次を見ると、詩、エッセイ、旅、レシピ、占い、ファッション、伝統工芸品、健康、自己啓発、読者プレゼントなど四十三項目。厚さは一センチを超え、手に持って読めば腱鞘炎《けんしょうえん》を患うこと必定です。

こんな膨大な内容をすべて読めるはずがありませんから、出版社は「あなたが気に入ったところをどうぞ」というスタンスでしょう。

仕事や趣味で多くの情報が必要な人は、自分のお気に入り以外の部分も丹念に読まないと、貴重な情報を見逃してしまうおそれがありますが、やはり、読みのこしてしまいます。

雑誌の定期購読は、雑貨が数十個詰まった箱が毎月自分宛に届くようなものです。気に入った物を選んで、残りはそのままにして箱ごと部屋の隅に置いておきます。翌月になると、違った商品が数十個入った箱がまた届きます。お気に入りの商品を選んで、残りは再び箱ごと先月の箱の上に積みます。

誰もその箱を回収してくれませんし、半年前の箱の中に今必要な商品があるかもしれないので、捨てることもできません。そうしている間に、また次の箱が届きます。やがて、箱を開ける余裕さえなく、封をされたまま箱が積み上げられていきます。

定期購読をしていて、〝読まないと勿体ないと思いながら読めない〟というストレスを感じるようなら、定期を不定期、もしくは臨時にされることをお勧めします。

わかったようなことを書いている私は、定期購読している雑誌こそありませんが、書店へ行くと本をまとめ買いしてしまいます。店頭在庫は入れ代わりが激しいので、今買っておかないと次はないという恐怖感があるのです。結果的に未読の本があるのに、また買うという始末。私もどうにかしないといけないと思います。

住職室の本棚に未読のまま並んだ本たちは、**「お前さん、どういうつもりだい。いつ読むつもりだい」**とボソボソとツブヤキつづけています。

あなたのまわりに置かれている雑誌。きれいにそろったバックナンバーは、あなたに何を語りかけていますか。

ネットショッピングはなぜ〝怖い〟のか？

ネットでショッピングする人が増えました。家にいながら、目的の商品を探して見つけ、買えるのですから、便利です。

檀家のおばあちゃんがお墓参りに来たとき、「老人会で町会対抗の輪投げ大会があって、これから練習に行くんです」と言います。詳しく聞くと、競技用の輪投げもあるし、ルールもあるそうです。

法事でお寺に来た子どもたちが控室で退屈しているのを知っていた私は、子ども用にその輪投げが欲しくなりました。しかし、どこで売っているのでしょう。スポーツ用品店？　おもちゃ屋さん？　皆目見当がつきませんでした。

こういうときこそ、ネットが便利です。すぐに商品が見つかりましたが、見るとさまざまな輪投げがあって、「何も競技用でなくてもいいか」と思案しながらあちこちクリックしました。すでに競技用でない輪投げはあるので競技用を買うのは思いとどまりましたが、お寺にいる時間が長いお坊さんは、ネットショッパーが多い気がします。

　さて、ネットショッピングの落とし穴の一つは、時間の浪費でしょう。最近では、一つの商品を探そうとすると、丁寧なことに「この商品を購入した方は、こちらも購入しています」と別の関連商品も紹介してくれますから、気づかないうちに、一時間くらいあっと言う間に過ぎてしまいます。結果的に余計な物まで買って、時間とお金のダブル浪費をしてしまう人も少なくないでしょう。それほど、ネットショッピングの画面は購買意欲をかきたてるように作られています。

　おそらく最大の問題点は、カード決済の場合でしょう。日本がカード社会になったとき、金銭感覚がマヒし、物を大量購入して預金がマイナスになる人が続出して社会問題になりました。ネットショッピングでは、カードさえ出す手間がないので、お金を使った感覚が一層低くなると言われています。

　ネットショッピングではなく、自分の足を使って買い物をすれば、ダイエットにもなります。**時間もお金も効率よく使えるようになる**と思うのです。

　ネットショッピングの他の留意点については、消費者庁から注意すべき点が発表されているので、ネットショッピングを多用している方は、一度「消費者庁　ネットショッピング」で検索してご覧になられることをお勧めします。

ポイントカードは「作らない」

一九八〇年代から、さまざまなお店で発行され始めたポイントカードやスタンプカード。物珍しさと「すぐにカードが発行できます」「今日のお買い物分からポイントがたまります」という誘い文句で、ずいぶんたくさんもらった記憶があります。

しかし、毎日出かけるわけでも、買い物するわけでもない私にとって、それらのカードの大部分は有効期限失効になります。そして、二〇一五年現在、私が持っているポイントカードは四枚。

試しに家内に「ポイントカード何枚持っている?」と聞くと、十枚くらいという返事。「そのうち有効利用しているのは?」と聞くと、ガサガサと財布の中から取りだして「三枚かな」と言います。買い物を頻繁にする主婦でも、有効に利用しているカードは私より少ないのです。ちなみに、私の質問に答えた後、三枚を残して処分した家内は「財布の中がさっぱりしたわ」と嬉しそうでした。

かつてはお客さんを自分のお店につなぎとめ、またお得感を出して新しいお客さんを取り込むためのポイントカードだったようですが、スーパーなどはカードより、お店の立地・品ぞろえ・雰囲気のほうが優先されると言います。

そして、あまりにも多くの種類が出ることで、お客さんをつなぎとめる力がほとんどなくなり、今は客側のニーズを収集してグループ内で他の事業に活かすのが目的なのだそうです。

いったい何枚のカードが適切なのかは、人によって異なるでしょう。ちなみに私が持っているのは、週に何回も買い物をするお寺の隣にあるドラッグストアのカード。残りは、年に数回ですが一度の買い物が万単位になる書道用品店、ＣＤショップ、家電量販店の物です。

年に数回、一度の買い物が数千円のお店で「カードはいかがですか」と聞かれると、お店の人に「あなたにカード発行枚数のノルマがあるのならいただいておきます。でも、そうでないなら、使わないカードをたくさん持って管理しきれない自分に嫌気がさすので、せっかくですがいりません」と答えます。

「持たない苦労より持つ苦労」なんて言葉があるかわかりませんが、そんな言葉を念頭に、ポイントカードを含めた持ち物を整理してみてはいかがでしょう。

いつの間にかたまる「紙」の減らし方

二〇一三年の日本の国民一人当たりの紙・板紙消費量は214・6kgで世界のトップクラス（世界平均56・5キログラム）。

また、古紙から異物やインクを取りだす技術や、古紙回収のシステムが確立されていることに加え、高い環境意識で分別回収が行なわれているため、利用率・回収率も世界トップクラスです（参考：日本製紙連合会HP）。

企業では、業務の効率化やコスト削減のためにペーパーレス化が進んでいるようです。もともとパソコンなどで作った資料などは、印刷せずにそのままデータを関係者のパソコンやタブレットなどで見られるようにすれば、紙は大幅に減って机の上も、部屋の中もさっぱりするでしょう。環境に優しいのは言うまでもありません。

企業がこぞってペーパーレス化をはかるのはいいことですが、家庭では冒頭のデータのように、どうしても紙に囲まれた生活になってしまいます。

そのために、多くの整理術が紹介されていますので、まずはそれをおさらい。

①ポストに入るチラシやダイレクトメールなどは、玄関に用意したゴミ箱に捨てて、部屋に持ち込まない。

②何らかの理由で部屋に持ち込んだ紙は、なるべく早いうちに処分する。旅行の案内書は、行きたいと思うけれどまだ行けないなら処分。個人宛の通知類の封筒は処分します。私は紙専用のゴミ箱として、紙袋を机のそばに置いています。ゴミ箱だと紙以外も一緒になるので、資源ゴミとして出せなくなってしまうからです。

③保存する物は、切り抜いてスクラップするかスキャンして保存する（データとして保存しても、それを整理しなければパソコンの中がゴチャゴチャになります）。

④紙としてしか残せない、印鑑が押してある契約書などはしっかり整理する。

わかっているけど、なかなかできません。紙ならすぐにメモ書きのように書きこめます。データのほうが劣化しないでしょうが、**私はワンクリックでデータが跡形もなくなった苦い経験から、本当に大切なものは紙で残しておきます**。また、ディスプレイに比べて、紙は仲間が数人集まったときに一覧しやすい利点もあります。

それでも、家庭でのペーパーレス化は、こざっぱりした生活空間、ひいてはさわやかな生き方にもつながるでしょう。少しずつやっていきませんか。

お金に「使われない」ための一工夫

日本人一人が持っている金融機関の口座数の平均は三・五口座だそうです（日本統計センター、金融機関の利用に関する調査・平成二三年）。

金融音痴の私が利用しているのは、お寺のそばにある郵便局と、親が利用していた関係で口座を作った銀行の二つ。ほかにもあるらしいのですが、それは家内担当で、私はノータッチです。

日本では二〇〇五年に、金融機関が破綻したときでも一千万円とその利子が保証されるペイオフが解禁になりました。バブルが崩壊して、金融機関がいくつも倒産したとき、預金者たちはあわてました。国もあわてて救済措置を取りましたが、ここからペイオフへの動きが加速しました。しかし、一つの金融機関で一千万円まで保証されるということは、それ以上の額は保証できない場合があるということです。

そこで、多くの人や会社が取引機関を増やして預金を分散させ、預金が無に帰さないようにしました。会社の取引銀行が増えるので、それにともない、社員が使う銀行の選択肢も広がります。さらに、結婚すれば夫婦それぞれの口座を持ちよるので、取引銀行は増えます。

ネットなどのアドバイスを読むと、普通に生活している分には、財布代わりのメインバンク一つ、お金を貯めるためのサブバンク一つというのが基本のようです。子どもの頃のように、財布は一つで、余ったお金は貯金箱へ入れるやり方がシンプルで一番いいのかもしれません。ＡＴＭが普及するようになって、メンテナンスや故障で一つ（あるいは系列金融機関）がダウンしたときのために、複数の口座を持っていたほうがいいとも言われます（坊主じゃなくファイナンシャルプランナーみたいだ）。

つきあいや、危機感からたくさんの銀行口座を持っている人は多いでしょう。しかし、あちこちの銀行を行き来し、お金の流れを管理する時間と労力を考えると、やはり財布代わりのメインバンクは一つで充分だと思うのです。

家族でも同様で、共通の出費は一つの財布からにしたほうがわかりやすいので、メインバンクは家族で一つでいいと思うのです。財布がたくさんあると、存在さえ忘れてしまう財布も出てきそうです。

お金は使う物。使われないために、金融機関の数も減らしたほうがいいですよ。

飽食の時代に知っておきたい「お粥《かゆ》」の効用

病気になったとき、胃腸に負担をかけずに栄養をとるためにお粥を食べた経験はあるでしょう。家庭だけでなく、病院でもお粥が提供されることを思えば、医学的にも理に適《かな》っていることは明白です。

ホテルの朝食バイキングにも、必ずと言っていいほどお粥が用意されています。これは中国系のお客さん用だけに用意されたものではありません。日本でも、朝食はお粥派が多いのです。

このお粥の効用をあらためて見なおす動きが出てきました。書店のお料理のコーナーには、美味しいお料理本の中にシンプルなお粥の本も並んでいます。

私が二十歳で修行したときの朝食も、もっぱらお粥でした。朝からお粥では体が持たないと思われるかもしれませんが、修行中はあまり体を動かさないのでお昼まで充分腹持ちします。そして、お昼になるころにはちょうどよく空腹になって、美味しくお昼ご飯が食べられるのです。

飽食の時代の中で、毎食美味しい料理を食べるのではなく、たまにシンプルなお粥を食べるのはお勧めです。一年の節目を大切に暮らしている人は、一月七日の七草粥がお正月の料理とお屠蘇《とそ》で疲れた胃にどれほど優しいか、よくおわかりでしょう。

昔から、お粥には十の効用があると言われています。

①色——血色がよくなり、肌のつやも出る。②力——体力を保つ。③寿——寿命を延ばす。④楽——胃に優しいので、体が楽になる。⑤詩清弁——頭の回転がよくなり、弁舌もさわやかになる。⑥宿食除——宿便を除く。⑦風除——風邪をひかない。⑧飢消——空腹を満たす。⑨渇消——渇きをなくす。⑩大小便調適——お通じがよくなる。

いかがでしょう。いたってシンプルなお料理（？）なのに、いいことずくめですね。

私なら、この他に「普段、食べすぎていることがわかる」「飽食に慣れきっている自分に気づく」を加えるでしょう。

熱いお粥をふーふー冷まして、喉ごしよく胃の中へ入っていくお粥は、食べるのにも時間がかかるのでダイエット効果も期待できます。

ただし、ずるずると音をさせないで食べるのが日本の礼儀。美味しく、そして上品にお粥を召しあがれ。

4章

仕事のコツは「引き算」にあり

――〝フットワーク〟を軽くする方法

つい「先送り」したくなったらこう考える

道元禅師の言葉の中に「少水の魚《しょうすいのうお》の心《こころ》」という言葉が出てきます。水がわずかしかない水たまりにいる魚は、水が蒸発してしまえば死んでしまいます。

水は時間、魚は人のたとえです。限られた人生の時間は、水が蒸発するようにどんどん少なくなっていく。その少ない時間の中で、あなたは何をボンヤリとしているのだ。のんびり構えていないで、「大変だ！　やることやっておこう」と、魚のように必死に修行しなさいという意味。弟子たちに向けられた叱咤激励の言葉です。

人生は老少不定《ろうしょうふじょう》（寿命は予測しがたく、年齢に関係ない）です。

若い間は〝明日ありと思う心の徒桜《あだざくら》、夜半《よわ》に嵐の吹かぬものかは〟（伝親鸞《しんらん》作）など、どこ吹く風とばかりに一年後、五年後、十年後まで計画を立てたりします。しかし、半年前の健康診断で異常無しの判定が出ていても、病気になり、亡くなる人は少なくありません。

人はいつ死んでしまうかわかりませんが、何年も先を夢見ながらも、自分に確実に残されている時間を一週間、一カ月単位くらいでとらえて、やるべきことをやっておく癖はつけておきたいもの。

逆に言えば、先送りすることをためずに減らす癖をつけておくということです。

やるべきことをやらずに先送りしてしまうと、単にやるべきことが残るだけではありません。期限ぎりぎりになってアタフタする気ぜわしさと、やっておけばよかったという後悔が借金の利息のようにつきます。今やらないという楽を味わえば、心の負担という悪い後味が残ることになります。

先送りと似ている言葉に延期がありますが、延期は物事をうまくいかせるために行なわれるのに対して、先送りは「本来その時点でするほうが好ましい問題の解決・処理を先に延ばすこと」（『新明解国語辞典』）です。

先送りしたくなったら、「これは延期か、先送りか」を、自問する習慣をつけられたらいいですね。

読者の皆さんに「少水の魚の心」を人生に当てはめてくださいと申しあげたいのは山々ですが、せめて、三日、一週間、一カ月、半年レベルで残された時間を水たまりと考えて、先送り癖を減らしていくことをお勧めします。

「やるだけやって、あとは待つ」心構えで

〝小才は縁に出合って縁に気づかず。中才は縁に出合って縁を生かさず。大才は袖すり合った縁さえ生かす〟は、江戸時代の柳沢家の家訓として伝えられています。

自分のことで精一杯、それ以外のことには興味も示さず「別に」「つまらない」を連発している人は小才。

誰かと出会っても、おはよう、こんにちは、こんばんはと通り一遍の挨拶しかせず、天気一つを言うのにも「いい天気」と「悪い天気」としか言えない人は中才。

自分が出合ったことに関心を持ち、「差しつかえなければ、どんなお仕事をしていらっしゃるかお聞きしたいのですが」「洗濯物が『早く外に干してくれ』って言いたそうないい天気だ」と、対象を自分の関心領域の中に取り入れようとするのが大才でしょう。

弓を一杯に引きしぼって的を狙う意味から、充分に用意して機会を待つことを「満を持《じ》す」と言います。「満を持して主役が登場しました」などと使われます。

袖すり合う縁を得ているのに、こちらに充分な準備ができていなければ、その縁を活かすことはできません。

せっかくイベントに出店したのに、開店準備が間に合わずに、お店の前をたくさんの人が通りすぎて、チャンスを逃してしまうようなものです。

ビジネスの世界では、社会情勢をつぶさに観察して需要と供給を予測するなど、ビジネスチャンスを逃さないために日々緊張状態がつづきます。

会社によっては自ら世間の動きや流行を作り出す場合もあります。その間にも、技術革新や性能の向上など自分たちの力を蓄えていくことを怠りません。

しかし、普通の生活をしているなら、虎視眈々《たんたん》と獲物を狙うようにピリピリした心境で日々を過ごすよりも、いつ来るかわからない〝そのとき〟まで、まずは自分の才能を練りあげておきたいものです。

「果報は寝て待て」と言いますが、才能とチャンスを活かせる人と活かせない人の違いは、やるだけやって待つのか、何もしないで寝て待つかの違いでしょう。

技術、感性、人脈などは、一朝一夕にできるものではありません。**チャンスが来たときにそれを逃さないためには、「満を持し」「果報は練って待て」でいきましょう。**

心臓のドキドキは「あなたを応援している音」です

初対面の方々の前で仏教について、あるいは生き方についてお話をするとき、私はいきなり、荷物の中から会場近くの自販機で買ったアルミ缶飲料を、聴衆から見えるように、黙って机の上に置きます。そして、プラスチック製の小さなみかんをその上に置いて第一声――。

「これ、何て言うかご存じですか。これ、〝アルミ缶の上にあるみかん〟って言うんです。私が今まで聞いた中で最高のオヤジギャグです」。

なぜこんな不真面目なオープニングにするかと言えば、多くの方はお坊さんの話を緊張して聞きます。難しい話だろうとハードルを高くして身構えていらっしゃいます。そのままだと私の話を素直に聞いてくれません。そこで、話の冒頭で聞き手が設けているハードルを下げるのが私の目的。「そんなに緊張して聞いていただかなくていいですよ」というメッセージを込めて〝アルミ缶の上にあるみかん〟を用意するのです。

私はよく、「あなたの辞書に緊張という言葉はないでしょう」と言われます。冗談ではありません。私だって緊張します。私の話を、聞く義理はないのに聞いてくださる方に対して、緊張しなければ申し訳ありません。初対面の方々に対してなら、なおさらです。ある程度の節度を保つ緊張感は必要なのです。

しかし、極端に緊張をする人はうまくいかなかったら大変だと怖がり、うまくいくかどうかを心配します。そんなに緊張していると、仮にうまくできてもそれで平均点です。本当なら百点を取れる素材を用意しているのに、過度に緊張すれば六十点しか取れないようなものです。

相手は鬼でも蛇でもありません。うまくいかなくてもそれで地球が滅びるわけではありません。失敗しても多くの場合、誰かがフォローしてくれます。

その点、自信がある人はそれほど緊張しません。自信を持つには、普段の練習や訓練が欠かせませんが、たいしたことはないだろうと高をくくる慣れは禁物です。

あなたらしさを隠してしまうような緊張感なら、なるべく減らしたほうがいいと思います。そのためには、自信をつけるか、うまくいかなくてもどうにかなるのを知っておくことです。**緊張したときの心臓のドキドキは、あなたの心がガンバレ！　と応援している拍手の音**——そう考えると、自分を励ます〝ほどよい緊張感〟になります。

「まだ起こっていないこと」に心を注がない

未来は「未だ来ない」と書き、過去は「過ぎ去った」と書きます。しかし、ともすると私たちは「将来、年金はどうなるのだろう」「二十年後、自分はどうなっているのだろう」と、未だ来ない未来を思い悩みます。そして、「あの頃はよかった」「あんなことはしなければよかった」と、過ぎ去った過去に縛られてしまうことがあります。

過去の経験を活かして今を生き、将来の不安を解消するために私たちにできることは〝今を生きる〟しかありません。

お釈迦さまが生まれた紀元前五世紀頃、中国に杞《き》という小国がありました。当時、中国では大地は巨大な正方形で、四隅の柱で天を支えていると考えられていました。

ある人が「いつか天が落ちてくるのではないか」と不安になり、夜も安心して眠れず、食事も喉を通りません。友人が「天は気体だから、落ちることはない」と言うと、今度は「この大地が陥没するのではないか」と不安になり、この人は一生不安におびえながら過ごすことになりました。この「杞の国の人の憂《うれ》い」から、取りこし苦労を杞《き》憂《ゆう》と言うようになったのはご存じの通りです。

この杞憂という言葉を手元の『故事ことわざ&四字熟語辞典』で調べてみたら、実にユニークで、意味深い英訳に出合いました。〝If sky falls, we shall catch larks〟(天が落ちてきたら、ひばりを捕まえられるよ)です。

思わず「素晴らしい!」と一人拍手しました。杞憂を〝needless worries〟(意味のない心配)とか〝groundless〟(事実無根の)と訳さず、具体的でウィットに富んだ訳をした人に拍手を送りたい気分です。

まだ起こっていないことを心配するなら、具体的な対処法を今のうちから考えておくことはもちろん、愉快な対処法を考える心の余裕も欲しいと思います。

「将来年金が減るといけないので、今から自分で年金分を貯金しておく」が具体的に今やること。そして「年金があまりもらえなかったら、自然にダイエットができる」が愉快な対処法です。「この先病気にならないように、食生活と運動を見直す」が今。「病気になったら、毎日寝て暮らせる」が心の余裕です。「仕事が順調にいくように、普段から実力をつけておく」が今やること。**「仕事が順調でなくなったら、居酒屋でもっとたくさん愚痴が言える」と楽しみにするくらいでも、いいではないですか。**

あなたにも〝叱ってくれる人〟が必ずいる

どこで出合ったか覚えていませんが、「こりゃいいや」と思った言葉が、**「あまり自分を責めなくてもいいですよ。必要なとき、他人が責めてくれます」**。

自己嫌悪に陥り、自分を責めやすい私にはピッタリの言葉でした。

家族や友人から責められることの多い私の人生で、自分の過失を他人に打ちあけることもなく、一人悶々と良心の呵責《かしやく》に耐えなくても、ちゃんと叱ったり、責めてくれる人はいるものです。

どこがどういけないかは、自分が考えるよりも、他人からの指摘のほうがずっとシンプルで的確です。ですから、他人から責められるのを待って、それに対処しても遅くないことが往々にしてあります。

私のお寺では写仏（仏さまの姿を面相筆でトレースする行《ぎょう》。簡単に言えば仏さまの写し絵）の会をやっています。

私がまだ三十代で仏教の基礎知識の勉強にのめり込んでいたときのこと。お彼岸《ひがん》が近づいた写仏の会の冒頭でお彼岸について話をしました。

彼岸は、心おだやかな悟りの境地のことです。逆に、煩悩が多く悩みが多い心の状態を此岸《しがん》と言います。

この知識をもとに「皆さんは、お彼岸を先祖の墓参りをする一週間だと思っておられるでしょうが、じつは違うのです」と話をスタートしました。

会が終わったとき、参加していた檀家のオヤジさんが私にこう言いました。

「さっきのお彼岸の話だけどね。住職の言っていることは正しいかもしれないけど、我々が昔からやってきている彼岸の墓参りを否定しちゃダメだよ」。

私は否定するつもりはなく、お彼岸は墓参りウィークではないという一般の人が思ってもいない話でスタートして、ドッキリさせようとしたのです。ドッキリは成功したようですが、〝悟りの岸〟の話に終始して、彼岸と墓参りの功徳を結びつけられなかったのです。

そのオヤジさんのおかげで、私はたいして自分を責めることもなく、「彼岸の岸にたどりついて心おだやかになるには、おかげを感じることができる先祖の墓参りをするのが一番。だからお彼岸にはお墓参りをするんです」と言えるようになりました。

叱られたら「期待されている」と考える

批判は貴重なアドバイス。よほど度胸がないと批判されたときは落ち込み、悄気《しょげ》ますが、言い方はどうあれ、批判はアドバイスと心得ておけば、「言われてみればそういうところあるよなぁ」と気づくので、立ちなおりがずっと早くなります。

叱るよりほめて子どもを育てようとする親が増え、あるいは人を傷つけるのが嫌な優しい人、嫌われるのが恐い人も増えたためでしょうか、批判しない人が増えてきました（面と向って批判しないで、陰で悪口を言う陰険な心の持ち主についてはここでは触れません）。

結果として、大人からほとんど叱られた経験がない人、打たれ弱い人が増えている気がします。私もその一人かもしれません。打たれ弱い人が乱暴な言い方で叱られれば、身も心も縮みあがります。限界まで縮むと、そのまま萎縮して鬱《うつ》になるか、反撃に転じてキレることもあります。

ところが、**叱るのは、相手をよい方向に導こうとする意図が働いています。**打たれ弱い私でも、アドバイスする側にまわれば「せっかくいいものを持っているのに、思いきってやらないから、その力が出ないのだ」と言うことがあります。

私にしてみればアドバイスのつもりですが、言われた方は怒られた、叱られたと思って、かえって萎縮してしまうことがあります。

それを避けるために「怒っているんじゃないよ。あなたのためを思ってアドバイスしているんだよ」とつけ加えます。

ところが、甘やかされて育った人は批判を上手に受けたとしても、「それだけ言うなら、一緒にやってくださいよ。手伝ってくださいよ」と甘えオーラ全開にする人がいます。いよいよもって、「どこまで甘えれば気が済むんだ」と怒りたくなりますが、そこは我慢します。

「一緒にやって欲しいと思うのはわかるけど、それでは、できたときの達成感が無くなってしまうから、一緒にはやらないよ。達成感を味わうのはとても大切だと思うからさ」と加えられたらいいと思います。

叱る人は、言い方はどうあれ、そのくらいのことまで考えているのです。叱られた人は、その真意をお汲みとりいただき、「期待されているのだ」と思ってください。

愚痴を言うとき、聞くときの「気のきいた対処法」

愚癡《ぐち》は、仏教が中国に入る前から中国にある言葉で、愚かで物の道理がわからないという意味。インドから仏教が伝わりモーハ（moha）の訳語としても使われました。仏教のモーハは、無明《むみょう》のこと。仏教の教えを理解しないで、迷妄し、錯覚し、物事の正しい道理をわきまえずに的確な判断を下せないことを言います。

この用法が一般に使われるようになり、〝言っても仕方のないことを言って嘆く〟意味で使われるようになったのが愚痴（痴は癡の俗字）です。

さて、世の中には「愚痴じゃないけどさ」と言いながら堂々と愚痴を言う、「それって愚痴じゃないか」とツッコミどころ満載のような人がいるもの。それなら最初から「愚痴を聞いてくれ」と前置きしてくれたほうが、ずっと聞きやすくなりますが、どこかで愚痴をこぼすのはみっともないと思っているのでしょう。

自分のしたことが認められない不条理を口惜しく思い、かといって自分ではどうしようもなく、ただ誰かに理解してもらいたい、できれば「わかるよ」という理解に留まらずに「私もそう思う」と共感に発展させてもらって溜飲を下げたいのです。ですから、こぼれた愚痴を誰かが「なるほど。そりゃひどいな」と共感してくれるなら、愚痴を言うメリットはあります。

ところが、現実はなかなかうまくいきません。認められないというもともとの第一の矢が心にささっているのに、不平不満を愚痴にして、共感を得られなければ、それが第二の矢になって我が身につきささるのです。だから、せめて第一矢だけにとどめておけと、昔から「愚痴はこぼすな」と言われるのでしょう。

私は自分が愚痴をこぼしたくなるときの心のあり方を、雑駁《ざっぱく》ながら右のように分析してきました。そこで、**相手に「これから愚痴をこぼすからね。うまく受けとめてくれよ」と頼んでから愚痴をこぼすようにしています。**

そして、**愚痴を言われたときには、最後まで話を聞いて「そうか」と理解した後で、「でも、あなたはまだいいほうだよ」とつけ加えます。**だいたいの愚痴はこの魔法の言葉で対処できます。お試しください。

おっと、一つ雑学好きな方への話題を忘れていました。愚痴の原語モーハが馬鹿（バカ）の語源という説があります。

他人のちっぽけな過失は〝放念〟する

原稿を書いていた所、クリックミスで一週間かけて書いた分（本にして四十頁分）が消失したことがありました。悔しさと情けなさで一杯になりつつ、せっかく精一杯書いたのだからと記憶の糸をたぐり寄せますが、断片的にしか思いだせません。人から責められることもなく、さりとて誰のせいにもできない、ちょっとした失敗でした。

そのとき、ふと頭に思いうかんだのは「とろろ芋を取る苦労より、とろろ芋からトロッとするとろろ汁を取る苦労」というラ行の発音練習の中の言葉。なるほどと思い「思いだす苦労より、新しく書く苦労」のほうがいいと、書きなおしたことがありました。

人がおかす数々の失敗や過失の中には、よかれと思ってやったことが人を傷つけることもあります。高齢の方が眠るように亡くなった話を聞いて「大往生だったのですね」と言ったら、「住職さんは私たち家族がどれだけ苦労させられたか知らないでしょう。死んだときのことだけ取りあげて大往生なんて言わないでください」と釘をさせれたことがありました。まったく配慮が足りなかったと思います。

また、そんなつもりはないのにやってしまう過失もあります。グラスや食器を割ってしまう。親の車を借りて傷つけてしまう。洗濯物を取りこむように頼まれていたのに失念して雨が降って濡れてしまう。こうした過失はいわば「ちっぽけな」過失。本人はそんなつもりはないのに、ふとしたはずみでそうなってしまったものは、咎めても仕方ありません。否、そんなちっぽけな過失を責めるようではいけません。

グラスを割ったら、まず「ケガしなかった？」と心配するのが大人。車を傷つけられても「まあ、そうやって運転がうまくなるんだ」と鷹揚《おうよう》に構えていたいもの。洗濯物が雨に濡れてしまったら「まっ、醤油をこぼしたわけじゃないからね」と、せめて平静を装いたいものです。

心配性の人、慎重な人はとかく他人のちっぽけな過失を咎め、ずるずると芋づる式に「あのときもそうだった。だいたいあなたは……」と責めつづける傾向があります。

そうなれば、責めつづけられた方が申し訳ないと思うのは最初だけ。その後は呆れ、怒りさえ抱くようになるのが人の情です。**他人のちっぽけな過失は「ああ、やっちゃったんだね」くらいでスルーして、大きく構えていましょう。**

競争心はやがて〝毒〟になる

さまざまな分野で「勝ち組・負け組」という言葉が定着してしまった感がある日本。この言葉には、勝者のエリート意識と敗者の自虐性ばかり感じます。勝者を讃え、かたや敗者をいたわる気持ちを微塵も感じないのです。

現実の競争社会で、勝ち負けは仕方ないとしても、それが理想の社会とはとても思えません。心おだやかな境地を理想に暮らしている東京下町の坊主としては、「世の中は勝つか負けるかだ」という、○×方式の風潮に流されたくないと思います。

勝負は文字通り、勝ちと負けを争って決めることです。そこには勝ちと負けしかありません。誰でも負けるよりは勝ちたいと思うでしょうが、それだけを考えていれば、いつか恨みを買うことになります。

仏教では、勝ち負けだけにこだわっている世界を〝修羅《しゅら》〟と言い、迷いの世界だとします。勝ち負けから離れないと、心がおだやかになれないからです。

一方、競争という言葉には、もう少し幅があります。五人で勝負すれば勝つのは一人で残りは敗者ですが、競争した場合は一位から五位まで順位がつきます。この場合も、上位の者が優越感にひたって下位の者をバカにすれば、下位に恨まれ、いつか足を引っぱられることになります。

『蜘蛛の糸』でカンダタが、下から登ってくる亡者たちに「これは俺の糸だ」と叫んだとたんに糸が切れて、全員が地獄へ落ちていくようなものです。ですから、競争心も、そのまま放置しておくと、やがて毒になります。

そうならないためには、**競争相手をライバルとして意識するといい**と思うのです。

英語のライバルは、もともとラテン語の小川を意味する言葉で、同じ川の水の権利をめぐって争う人のこと。そこから、英語では「いつも対立している宿敵」という意味ですが、**日本語のライバルは「互いが向上するための存在」で、好敵手のこと。**勝ち負けの結果が出る競争でも、「おめでとう。すごいや」「いや、あなたこそ、素晴らしい」と互いが相手を敬い、讃えあえる競争相手です。

競争相手をライバルとして意識するためには、お互いの信頼関係が必要です。競争心だけでは、相手を出しぬこうとするので信頼関係はできません。信頼に足る人になって、競争心を減らし、ライバル心を大きくしていきませんか。

結果は「忘れた頃」にやって来る

自分が生きてきた一つの結果として自分史を書く人が増えてきました。数十年生きてきた自分をわかりやすく確認し、縁者たちにも本当はどんなことを考え、何をして生きてきたのかわかってもらえます。

自分史のような人生の一区切りとしての結果とまでいかなくても、私たちは日常で多くの結果を目の当たりにします。

食卓のお料理は素材と料理する人が織りなした結果です。身につけている物もすべて、素材やデザインなどの縁が寄りあつまった結果です。そんな結果ばかりに囲まれているので、ついつい〝わかりやすい結果〟を求めたくなります。

しかし、わかりやすい結果に目を奪われるあまり、その裏側に気づけなくなることがたくさんあります。

私の頭部は前方から禿《は》げあがり始めました。結果は生え際が後退ですが、その裏で顔の面積が拡大しています。夏の高校野球の優勝校は一度も負けなかったチームですが、その裏で四千校近い出場校も一回しか負けていません。私たちを魅了する夜空に輝く星々の中で、もっとも近い恒星はケンタウルス座のプロキシマ・ケンタウリで、その距離約四光年。つまり、結果として私たちが見る星のほとんどは四年以上前の過去の姿。夜空を見あげても現在の星の姿は見ていないのです。

給料が増えた裏で仕事も増え、責任も増し、無駄遣いもするようになります。本書を読んだ結果、物が減って生活空間がスッキリかもしれませんが、そのために無駄を楽しむ心の余裕もなくなってしまうかもしれません。

もし、皆さんの本棚の中に「三日でできる○○」「すぐに身につく××」という本が並んでいるようなら、〝早くて、わかりやすい結果期待症候群〟かもしれません。

生きることを含めて、私たちが取りくんでいることの多くは、わかりやすい結果など出るものではありません。**結果は、いつだって後からついてくるものですし、忘れた頃に出る結果のほうが多い**のです。学校で勉強した結果、つらい思いをした結果、優しさに触れた結果、喧嘩した結果、愛し愛された結果、裏切り裏切った結果……。

わかりやすい結果が出たと思っても、それはまだ途中経過で、その後どう展開するかはわかりません。わかりやすい結果ばかりに目を奪われないようにしましょう。

「正直であらねば」という気持ちとのつきあい方

「これをやって」と言われて、「やりたくない」と素直に自分の気持ちを表せば、「なに！　頭を下げて頼んでいるのに、理由も言わずに断るとは、どういう料簡だ」と相手は怒りだすでしょう。予期しない反応にタジタジして「ただ正直に言っただけなのに」と途方に暮れるようでは、今後世間の荒波は厳しさを増して襲ってきます。

言いたいこと、やりたいことを正直に表に出せば、あちこちで他人と衝突して火花が散ります。その火花は、怒りや憎しみの大きな火の玉や、虚無感ですべてを焼きつくす燎原《りょうげん》の黒い炎に成長する可能性さえ秘めています。

そこで、私たちは自分をある程度おし殺して生きやすい道を選びます。しかし、おし殺しすぎる人もいます。自分の気持ちに嘘をついてまで相手に迎合すれば、自分の気持ちと裏腹なことをしなければなりません。

私はそのギャップを埋めるために、やりたくないことをやるときは、まず目標を決めます。「やりたくないけれど、この目標達成のため」と納得して取り組めば、つら

さや苦しさは大幅に減ります。たとえば私は、自分の仕事をしていて、家内にお風呂掃除や玄関番などを頼まれると、心の中で〝夫婦円満のため〟と自分を納得させます。もちろん、ある程度自分の気持ちを伝えるのは大切です。自分の気持ちを隠せば誰もそれに気づきません。

飲み会に参加すれば、周囲は「来たいから来た」と思います。「本当は来たくなかっただろうに。かわいそうに」とは思ってくれません。後になって「本当は行きたくなかった」と愚痴をこぼせば、「今さら、何を言っているのだ」と呆れられます。ですから、バカ正直な伝え方はともかくとして、誤解を招かないために自分の気持ちを相手に伝えるのは悪いことではありません。

私の場合、「今はこの仕事をしているんだが、お前さんが喜んでくれるなら、一肌脱ぎます。やりましょう」と芝居がかった言い方をします。すると家内も「あらそうかい、そりゃうれしい。お前さん、頼りになるねぇ」と時代劇のせりふのように返します。気心の知れた者どうしの、火花の出ない楽しい鍔《つば》ぜりあいの会話です。

己の気持ちに正直になるか軽く嘘をつくか……。心に余裕を持ってチャリンチャリンとチャンバラごっこさながらに、コミュニケーションを取っていきましょう。

お金にしがみついていると、幸せになる方法を見失う

お金は大事です。しかし、お金はあくまで手段で、目的ではありません。お金を布団にしても意味はなく、お金で買った布団で寝ることに意味があります。

ときどき、話題がすべてお金の話になる人がいます。マネーゲームをしている投資家の人たちにとっては世間話がお金の話になるでしょうが、私たちが行きつくところがいつもお金の話では、あまりにも寂しい気がします。

お金の話ばかりしている人は、生活全般を損得勘定で考える傾向があります。誰と食事をすると得か損か。友達の優劣も損得で決め、旅行へ行くにも損得です。何かやった後には「ああ、得した」か「ああ、損した」としか感想を言いません。そんな人と、誰が喜んでつきあうでしょう。

経済優先の社会に過度に依存していると、いつの間にか手段のはずのお金が目的になってしまうことがあります。まわりにたくさん楽しいことがあるのに、それに気づきません。どんなことにもお金、経済、損得というフィルターをかける癖がついてし

まうのです。

高齢の方が宝くじを当てたいと言います。私が「もうすぐ死んじゃうのに、当たったお金をどうするんです？」と聞くと、あなたたちに分けてあげるのだと言います。思わず「そんなお金はいりませんよ」と答えました。

これは「そんな高齢になってまで、お金にしがみつかないでください。別の方法で幸せな人生を送ってください」という人生の後輩からの切なる願いからの言葉でした。

くりかえしになりますが、お金は手段であって、目的ではありません。この本も、みなさんが前向きにさわやかに生きていただく素材（手段）で、本書を読むことが目的ではないはずです。

私たちが幸せになるための手段は、笑顔、助け合い、相互理解など、山ほどあります。**お金にしがみついていると、幸せになるための他の手段が見えなくなります。お金への執着は「おっかねぇ」のです。**

一つのことへの執着は、視野をせばめます。坊主の私も還暦を間近にして、仏教にそれほど固執しなくていいかもしれないと思います。手段にふりまわされて、一生を虚しく過ごしたくありませんから。

「こうすべき」なんて単なる思い込み

「こだわる」の意味を、手元の電子辞書に入っている『広辞苑』『大辞林』『明鏡国語辞典』『新明解国語辞典』でみると、悪い意味がほとんどです。

『大辞林』では①心が何かにとらわれて、自由に考えることができなくなる。気にしなくてもいいようなことを気にする。②普通は軽視されがちなことにまで好みを主張する。

『新明解国語辞典』の解説はもっと辛辣で、①他人から見ればどうでもいい（きっぱり忘れるべきだ）と考えられることにとらわれて気にし続ける。②他人はどう評価しようが、その人にとっては意義のあることだと考え、その物事に深い思い入れをする。

かろうじて『明鏡国語辞典』で〔新しい言い方で〕とただし書きされて「細かなことにまで気をつかって味覚などの価値を追求する」が出てきます。私たちが、最近見聞きする「こだわりの……」は、この意味です。

しかし、古来「こだわり」は、自由な考えや行動を縛りつける意味で、いい意味ではありませんし、それは今でも変わっていません。「こだわりの……」と言っても、それは執着です。そこから離れることができないので、自由が失われます。

仏教でも「悟りが」「仏が」「自分が」とこだわっているうちは、まだだと言われます。こだわりから離れないと、広大な悟りの世界に入ることはできないとするのです。

私たちの日常の中でこうしたこだわりは、「こうであるべき」「こうすべき」「これはゆずれない」という、誰でも持っている心のあり方に当たります。

それはまるで、後ろに下がれないと言われるムカデが、棒に登るようなもの。ムカデは必死で棒を登っていきますが、先端まで行くとどうにも動けなくなります。棒にしがみついているのです。この状態が「こうであるべき」と思っている状態です。

棒につかまって動けないのですから、足（手？）を放して地上に落ちればいいのです。そうすればどこにでも行けます。

どこにでも行けるのに、棒にしがみついている人はたくさんいます。こだわりを捨てて落ちるのですから、多少の痛みはあるでしょう。しかし、そのほうがずっと自由になれると仏教では考えます。

こだわりを捨てられないなら、せめて減らしてみませんか。楽になりますよ。

「ドキドキ、ワクワク」を感じるならつきすすめ

私は、経験したことがないことに「よし、やってみましょう」とチャレンジするのが嫌いではありません。何かを開拓するのに向いているのかもしれませんが、嫌いでないというだけで、新しいことに挑戦するのが好きなわけではありません。

バンジージャンプはやったことがありませんが、進んでやりたいとは思いません。面白そうだからという理由で、刺身にあんこをつけて食べたこともありません。

そんな私にとって、仏教の修行はさまざまな心のしがらみから離れて、今までにない自分を獲得するためのチャレンジのようなものです。あるとき、何気なく使うこの「チャレンジ」という言葉は、どんな意味だろうと調べてみたことがあります。

すると、日本語のチャレンジと英語の challenge には違いがありました。

日本語は「戦いを挑むこと、困難な問題や未知の分野に立ち向かうこと」。それに対して、英語では名詞の用法の中に「(やりがいのある)課題・難問。やりがい、覚悟」の意味までありました。ここが面白いところです。

ちなみに、似た意味のトライは英語、日本語とも「試しにやってみること」でした。調べた結果はトライ＜チャレンジ＜challenge の順で意気込み、やりがい、覚悟が大きくなるのです。軽い気持ちで「ちょっとやってみる」はチャレンジではなくトライ。新装開店のお店に行くのもトライです。

これがチャレンジになると、戦いを挑むくらいの意気込みが必要で、「激辛料理にチャレンジ」などがこれに当たります。体がどうかなってしまうかもしれないのですから、覚悟も必要です。

challenge は［やりがい・覚悟］がキーワード。困難なことにやりがいと、それをする覚悟、そして結果を受け入れる覚悟があれば、本来の意味で challenge です。**私は、困難な問題や未知の分野に立ち向かうとき、いい意味でドキドキ、ウキウキ、ワクワクしているかを自分に問いかけます。**それが確認できれば、「よし、やろう。楽しみだ」とつきすすみます。

逆に、その感覚がなければ慎重になります。戦いを挑むのですから、負けたときに落ちこみ、悔しさで一杯になり、人を恨みそうなら「まだそのときではない」とじっとしているのです。

大切なことほど「直感」で決めてみる

レストランに入ってメニューを見ると、たくさん選択肢があって何にしようか迷います。この人と結婚するかしないかなどの二択ならまだいいですが、レストランで誰かからご馳走になるのに「お好きなものをどうぞ」と言われれば、さらに困ったことになります。食べたいものはあるけれど、値段を見て「こんな高いものを食べれば、分別がないと思われるだろう」と思案顔。

仏教で分別は、その人の経験からああでもない、こうでもないと判断すること。仏教辞典では「個人の経験によって色づけされた主観にもとづいて、対象を区別し分析する認識判断」とあります。

ご馳走してくれるとはいえ、こんな高い物をご馳走になっては相手の経済的な負担が大きくなるし、遠慮のない奴だと思われて後々のつきあいにも支障が出るかもしれないと、過去の経験を総動員して区別、分析するのです。そして、「それでは、これをいただきます」と無難な値段の物を注文します。日本語では、そのような分別ができずに、よく考えずに行動する人を無分別と言います。

ところが、仏教では無分別こそ真の智恵で、分別は迷いの根源だとします。分別するのは自分で、その自分の判断は、色づけされた主観的なもので、対象をあるがままにとらえていないとするのです。つまり、自分のご都合が入っているのです。

欲まみれ、煩悩まみれの主観に染まった自分が「これにする」と決めたところで、正解などありません。平安時代末の真言僧の覺鑁《かくばん》は「迷中の是非は是非ともに非なり（迷っている間に決めたことは、いずれにしろダメさ）」という言葉を残しましたが、まったくその通りだと思います。

その点、無分別は、小賢しい知恵で損得や正誤を判断するのを放棄する態度です。メニューで最初に目に止まったところで「美味しそうだから、これにします」でいいのです。**いちいち「これは食べたことがある」「これは高すぎる」と下手な判断をしないほうがいいときが、私たちのまわりにはたくさんあります。**

主観という色メガネで見るのは、自分の都合で見ているということです。理論的な物の見方に慣れ親しんでいる方は、色メガネをはずした直感で物事を決めるという選択肢があることを知って、試してみるといいですよ。

生き生きとしている人に、ついて行ってみよう

人は目標があれば努力できます。努力している人に「なぜ、そんなに努力するの?」と聞けば「目標があるから」と答えます。

逆に、目標がなければ努力などできません。「なぜ努力しないのだ」と怒っても、目標がなければ努力する気は起きません。

お金が欲しければ浪費しない努力をし、努力して稼ぐでしょう。健康でいたければ不摂生な生活をしない努力をし、努力して適度な運動とバランスのよい食事を心がけるでしょう。幸せになりたければ、自分勝手にならないように努力し、努力して足りることを知ろうとします。

同じことが我慢についても言えます。目標があれば我慢しますが、目標がなければ我慢などできるはずがありません。その道理がわからずに、目標がない人に「あいつは我慢が足りない」と腹を立てても仕方ないのです。

私たちは当たり前だと思うことに腹を立てません。私は努力しない人にも、我慢し

ない人にも腹を立てません。「目標がないのだから、当たり前だ」と思うようにしているので、腹が立たないのです。

子どものころから大人に目標を設定してもらい、その通りに生きてきた人にとって、自分で目標を探して社会の中で生きていくのは大変でしょう。何も知らない人が、ある日、「さあ、あなたは自由です。自分の好きなところを目指して、お好きなように行きなさい」と、いきなり渋谷のスクランブル交差点に放りだされたようなものです。

北へ行く人、南へ向う人、東に赴く人、西に遠ざかる人たちが、自分の横を足早に通りすぎます。何を目印に、どこへ、どうやって行けばいいのかわかりません。

そんなときは、**周囲の人たちの中で、生き生きとしている人を追いかけるといい**でしょう。後をついて行くなり横に並ぶなりして、その人の考え方、話し方、行動を真似して、同じ方向に歩いてみるのです。

私の場合は、尊敬する人の真似をするように心がけています。尊敬する人のようになるのが目標なのではありません。**尊敬する人が目指している目標を、自分の目標にしようと思うのです。**目標を自分で探せない人は、目標に向かって努力している素敵な人の真似をしてみるといいですよ。

スマホ・携帯への「依存度」を減らす

老いも若きもスマホの時代。行住坐臥《ぎようじゆうざが》、手元で情報を集められ、調べ物だってお手の物。大勢の人と同時にコミュニケーションが取れて、便利なことこの上ありません。

電車の中は言うに及ばず、夜のバスの暗い車内でも画面が明るいので便利。カメラだけでなく、万歩計、オーディオプレーヤー、照明にもなるすぐれ物。唯一の欠点は電池消費の早さで、大勢人が集まれば、砂糖に群がる蟻《あり》のように、コンセントから八岐大蛇《やまたのおろち》のようにコードが伸びて、スマホがつながります。

私も家内も五十代半ばでガラケーからスマホに乗りかえましたが、お寺にいるときは二人とも持ち歩くことはありません。外出したときもカバンの中で、連絡をチェックするのは数時間に一回。

結果として、周囲から「電話をしても出ない。持っている意味がない」と文句を言われますが、電話は相手がどんな状況にいるかかまわずにかけるのですから、基本的に暴力です。暴力にいちいち応える義理はありません。それに、こちらがかけたいときにかけられるのですから、持っている意味はあるのです。

ラインやメールをしていないときはゲームで画面に釘付けになっている人たちを見ると、この人たちは何カ月も何年も、ディスプレイ画面だけを見て生活しなければならない惑星移住計画の人体実験に、ボランティアで参加しているのかしらと思います。

画面に表示される情報に縛りつけられていれば、自由な心の活動はどんどん鈍くなるでしょう。リアルな体験が減ってしまうので、日常の人間関係でも支障をきたすのではないかと思うのです。そうなると依存症です。

「そんなことはない、適度にリアルな世界も楽しんでいる」と思われる方は、勇気を出して「只今から携帯の電源を一週間オフにします。用事のある方は私の友人、もしくはイエデン、手紙、ファックスなどでお知らせください」と一斉メールを出して、電源をオフにしてみてください。

禁断症状としてイライラし不安を感じるなら、やはり依存症です。携帯を介してしか人間関係が築けない（そんなものを人間関係とは言いたくありませんが）ような、バーチャルな人間にならないでください。

スマホや携帯への依存度を減らして、リアルな世界を楽しむ練習をしてください。

朝「15分だけ」早起きしてみませんか

一日は誰にでも平等に二十四時間。放送局ではこの時間を増やすために、一時間番組枠でスポンサーになってもらい、実際の番組放送時間は五十分。残りの十分で天気予報などやニュースをやって、別のスポンサーについてもらうことで、六十分が七十分になるというカラクリだそうです。

しかし、私たちにそのテクニックは通用しません。どうあがいても二十四時間は二十四時間です。この時間をより有効に、より充実させるには、惰眠という贅肉を減らすのがもっとも早い方法でしょう。

せっかく布団が「もうちょっと寝ていればいいのに」と甘くささやいてくれているのに、それをむげに断るのも憚《はばか》られます――というのが、早起きできない私のいつもの言い訳ですが、朝寝坊で叱られた人はいても、早起きして叱られた人は、古今東西あまりいないでしょう。それにはそれ相当の理由があるからです。

では、早起きすると、どのようないいことがあるでしょう。仮に十五分早く起きた場合を想定して、思いつくままに、いくつかあげてみます。

仕事を始めるまでの時間に余裕ができるので、一つひとつのことを丁寧にできます。インスタントのコーヒーや味噌汁でなく本物が作れます。心に余裕もできるので、通勤通学途中に見過ごしているご近所や町の様子に感心し、自然の変化にも気づけて感性が豊かになります。車内化粧もしなくて済むので、周囲の人に不快な思いをさせなくて済みます。

逆に、十五分早く起きる弊害は、寝不足で不機嫌になることくらいでしょうが、いつも寝起きは不機嫌な朝を迎えているのですから同じことです。

ですから、あまり悪いことはなく、よいことずくめ。どうすれば早く起きられるかと言えば――早く寝る・夜になったらカフェインは摂らない・深酒は避ける・目覚まし時計を手に届く所には置かない・起きたことを友人にメールで知らせなかったらお昼をおごる・犬か猫を飼う――などでしょうか。

朝はさまざまな物が活動し始める時間。その流れに自分の体と心をシンクロさせて暮らすために、十五分早起きしてみませんか。**心だけでなく、あなたにしか使えない時間も無駄な部分がそげ落ちて、時間のダイエットにもつながります。**

「自分にしかないもの」を、必ずあなたは持っている

他の人にはなくて自分だけが持っている、何か特別なもの。それが見つかれば、どれほど自分に自信がつくだろう——そう思っていたのは、学生時代まででした。それほど、自分に自信が持てなかったのです。

才能や財産、地位や名誉、実績など何もない私は、誰の目にも明らかな（認めてもらえる）飾りで自分を装飾して、他にない自分を作り出して、自分らしさを求めていたのかもしれません。

フランスのジョークに、高齢の婦人の厚化粧を見た人が「あれは年を隠しているんじゃない。年を塗りつぶしているんだ」とつぶやいたという話があります。とても上品なジョークとは言えませんが、かつての私も、自信のなさを隠すどころではなく、自分自身を塗りつぶそうと躍起になっていたのでしょう。他の人にはない自分を求めるあまり、本当の自分を塗りつぶしていることに気づきませんでした。

しかし、仏教の勉強をするにつれて、自分にしかないのは、この命であり、自分の

心だとわかってきました。それは、もともと誰かに真似されることもなく、盗まれる心配もない物です。

仏教では、地球上にいる犬、猫、魚、鳥、虫から微生物に至るまで、多くの命がある中で、人間として生まれるのはとても貴重だと考えます。まさに、有ること難い、有り難い命をもらっているのです。

また、自分の都合ばかり通そうとしている中でこの命だけは、いつの時代に、どんな親の間に生まれようと思って生まれたわけではなく、自分の都合が及ばない、都合以前に授かったものです。

そして、自分の心で、心安らかな境地（悟り）にたどりつくことができます。悟るために、他人の心を借りるわけにはいきません。私たちは誰でも、そんな素晴らしい心を生まれながらに持っているのです。

お葬式に参列したり、お焼香をするとき、私たちは故人の財産や名誉などについてほとんど意識しません。最後の別れに際して、私たちが弔意や敬意を表わすのは、故人だけが持っていた命と心に対してです。**飾りを取りさったときに現れる物こそ、自分しか持っていない、素晴らしくかけがえのない物なのです。**

5章

少しずつ「足るを知る」練習

——「手ぶらで生きる」仏教の智恵

もっとも幸せに近いのは「ごく平凡な人」

私たちは、他人と違った何かを持ちたい、したいと望みます。代わり映えしない毎日に飽きて、何か面白いことはないかと探します。そんなことをしていれば、心おだやかでいられないことに、なかなか気づきません。

仏教の中でも、禅は日常の中にそのまま悟りを見いだしていく色合いが濃い教えです。中国の唐の禅僧・馬祖《ばそ》は「平常心、これ道なり」と言っています。利益や見返りを期待せずに、ただ淡々と自分のやるべきことをやっている中にこそ、悟りの境地があるというのです。

パンを食べたいので食パンを買ってくる。トーストして食べる。そのままでは、口中の水分が吸い取られてバッゲームのようなので、紅茶を入れて飲む。「ああ、美味しかった」と合掌する。そこには、食べれば有名になれる、お金がもらえるという打算は一切働いていません。これが平常心です。

起きて、食事をし、家事をこなして、仕事に取り組み、帰宅して、お風呂に入って、寝る。これらの日常の業務を我執から離れ、打算を入れずに淡々とこなしていくことに、何か足りないものはあるのでしょうか。足りないものはなく、すべてがその中で完結しているのです。

しかし、このように平凡であることに満足するのが難しいのです。平凡に飽きたらず、新しいことを求めます。新しいことをやっていれば、それがすぐに平凡になり飽きてしまうので、また新しいことを求めなくてはなりません。

もっとも身近な毎日の生活の中に、素晴らしいものがあるのに、それに気づかずに素通りしてしまうのです。だから、「平常心、これ道なり」と言わなければならないのでしょう。

忙しくしていてのんびりしたい人も、打算が入り込まなければ、忙しさそのものが悟りです。やることがなくて「何かやることないかなあ」と思う人も、特に望むこともなく生活していられる中に、一つの悟りがあります。

平常心の中にこそ、本当の幸せがあります。**言いかえれば、平凡な人こそ幸せに一番近いと言えるのです。**

こうして本を読んでいることに、幸せを感じてみてください。

「無理はしてみろ、でも無茶はするな」

ピンセットの先端を精密ドライバーの代わりに使ったら、ネジをはずすことができました。また、どうしても黒い紙が必要になって、コピー機のガラスの上に何も置かずにカバーしないでスタートボタンを押したら、ちゃんと黒い紙が出てきました。物は使いようで、用途以外にも結構役に立つものです。

あるとき、娘が手に掃除機をだらりとぶら下げて言いました。

「お風呂場の脱衣所の大きめの水滴を掃除機で吸ったら掃除機が壊れた。掃除機は水を吸っちゃダメなんだね」

思わず「気の毒なのは、その掃除機を買ったお前の親だ！」と言いたいのを我慢したことがあります。ボールペンで極太マジックのような線を書こうと塗りつぶしていたら、先端のボールがプチッと音を立ててめり込んで使えなくなったこともあります。

このように、その物が持っている力以上のことをすると、物は壊れます。

こうした経験から、私の座右の銘に**「無理はしてみろ、無茶するな」**が加わりました。これは物だけに限ったことではありません。私たちも少し無理をすると、できそうもなかったことができるようになります。私はお地蔵さまの絵をフリーハンドで何百枚も描いた結果、今ではスラスラと上手に描けるようになりました。途中であきらめていたら、そうはならなかったでしょう。

しかし、無理を越して無茶をすれば体も心も壊れます。自分の力以上のことを望んでそのように行動すれば、オーバーフローになります。

本人は、どこまでが無理で、どこからが無茶なのかわかりません。中には、壊れ、倒れるまでやらないと納得しない人もいます。そんな人を何人か見ているので、私は自分のしていることが無理のレベルなのか、それとも体を壊す無茶のレベルなのかをある程度冷静に判断できるようになった気がします。

体や心を壊すまでやる人は、自分のやることしか頭になくなります。寝ても覚めてもそのことばかり考えるようになると赤信号。

「そこまでやるなんてバカじゃないの？」と言われるくらいならまだ大丈夫ですが、複数の人に「いい加減にしたら」と言われるようになったら、我が身に危険がせまっている証拠。アドバイスには素直に耳を傾けましょう。

「心に残る」物をもっと増やそう

「一生に一度は、オーロラを見ておいたほうがいいですよ」とカナダでガイドをしていた若者に勧められ、一年かけて準備して、家内とカナダのイエローナイフのオーロラツアーに行きました。

娘は「私の一眼レフカメラ持っていく?」と言ってくれましたが、シャッターを開放にしないと撮れないらしいし、そのマニュアルも読むのも大変だからと断りました。

行ってみると、案の定、映像で見るような緑に輝くオーロラは、現地では白い雲にしか見えません。ただ、その雲があり得ない速さで美しい動きを見せてくれます。

ツアーの参加者の中には三脚と一眼レフカメラで準備万端整えて、きれいに緑のオーロラの姿を撮っている人が何人もいましたが、私は自分の目に焼きつけただけで満足でした。その日のブログに、私は「画家も筆を投げ、琵琶奏者は弦を切る、芸術家でも表現できない美しさだ」と書きました。

私にとって、満天の星の下で寒さに耐えてオーロラを見上げながら、家内とこれまでの人生などについて話したことのほうが、ずっと心の宝物になっています。

スマートフォンやデジカメの普及で、映像で想い出を簡単に残しておけるようになりました。レストランに行けば、まるで儀式のように、出てきたお料理をパチリと撮ってSNSにアップしている人の姿も目にします。他にも、記念の品物をもらうことも多いでしょう。

いただくのが食べ物なら胃の中にしまうことができますが、品物だとそこにこもった真心が感じられるので、むげに捨てるわけにもいきません。

そうしているうちに画像データはたまりにたまり、身のまわりや机の引き出しの中は、記念の品だらけになります。

大切な想い出は、データや品物で残さなくても心に残ります。

消去したり、捨てられないのは、それがなくなってしまうと想い出までなくなってしまうと勘違いしている場合がある物です。写真や品物を見ないと思いだせない記憶なら、保存しておくこともないでしょう。

みんなに見せたいと思うのなら仕方ありませんが、**個人的な大切な想い出は、心の中にしまっておくのが一番**だと思います。

〝心の居心地〟をよくするヒント

お客さんが泊まりに来たとき、わが家では客殿に寝ていただきます。通しで四十五畳ではあまりに広すぎるので襖《ふすま》で仕切りますが、それでも一部屋は十五畳、天井までの高さは十尺三寸（三メートル十センチ）。その真ん中に布団を延べて寝ていただくのですが、朝になると布団は隅っこに移動されています。

理由を聞くと「あんな部屋の真ん中じゃ落ちついて寝られませんよ」との答え。居心地が悪いとおっしゃるのです。

それでも、朝、本堂でしばらく座っているお客さんがいます。朝食の案内をすると「やはり本堂は居心地がいいですね」とおっしゃいながら席につきます。客殿よりも本堂のほうがずっと大空間なのに、お香の香りが漂う中で、何百年も変わらない場所に置かれている仏具、仏像などが作る磁場が、人を心地よく包むのかもしれません。

私にとって、お寺はそのまま居心地のよい場所ですが、苦手なのがデパート、ショッピングセンター、大音響のライブ会場など。物と人と音があふれているところは、とても居心地がいいとは言えません。一刻も早く退散したくなりますが、中にはそういう場所も居心地がいいという、清濁併せ呑む仏さまのような感性をそなえた人もいます。

ある場所が自分にとって、居心地がいいか、悪いかは、その場に自分が溶け込んでいるかどうかを判断する大切な感性だと思います。私のように受け入れる度量が小さいと、居心地のいい場所ばかりにいて、悪い場から足が遠のきます。それは場所だけではなく、誰と一緒にいると居心地がいいか、悪いかという問題でもあります。何となく話が合わない人たちと一緒にいれば、居心地は悪くなります。

しかし、その場の誰かが積極的にその場をなごませる努力をすれば、居心地のいい場所に変わることはよくあります。ぎこちなく始まった会が、最後は大盛り上がりしたという経験は、皆さんにもあるでしょう。

居心地のよい場所が多いに越したことはありませんが、確保しておきたいのは心の居心地のよさ。忍者が追手の進路を阻《はば》むためにまく鉄菱《てつびし》のように、イライラ、自己嫌悪などが心の中に散らばっていては、心の居心地が悪くなります。そんな鉄菱に気づいて取り除き、心をおだやかにして、〝生き心地〟よく生きたいものですね。

「今のままでいい」という仏教の教え

欲を少なくして、足ることを知る――少欲知足《しょうよくちそく》は仏教の基本的な教えです。あれも欲しい、これも欲しいと、欲を満たしていけば際限はなく、いつも何かを渇望している状態なので、いつまでたっても心がおだやかになりません。

三つ欲しければ、三つ手に入らないと満足できませんが、一つでいいやと思って一つを得られればそれで満足。別に今のままでいいやと思えば、今のままでＯＫが出ます。

大病を患った人が「健康であればそれでいい」と健康以外の欲を捨てれば、心がおだやかになる確率は増大します。

身近な若い人を亡くした経験がある人、または九死に一生を得た人は「生きているだけでめっけもんだ」と思います。

波瀾万丈の人生を歩んだ人は「平凡が一番」としみじみとおっしゃいます。

幸いにも、私はここ十年ほど特に欲しい物はなく、現状に満足しています。しかし、この現状も諸行無常という変化からはずれることはありませんから、今のままの状態がつづくわけではありません。それでも、変化していく状態に「これはこれでいい」と思えるようになっていきたいと思います。

そのために心の隅に置いているのは、仏教の即事而真《そくじにしん》という教えです。〝事に即して而《しか》して真なり〟は、「あなたの目の前で起こっている現象は、そのまま嘘のない真理です」という意味。

ランチを食べようとAランチを注文して「Aランチは終わってしまいました。BとCならありますが」と言われれば、誰が何と言おうとAランチは無いというのが真理。BとCがあるというのが真理。

「ああそうですか。ではBがいいです」と潔く言いたいもの。「じゃ、Bでいいです」と〝で〟と言えば、Aランチがないという事実に未練を残していることになります。

現状こそ、今あなたが持っているすべてであり、嘘のない真理です。今日の天気も、体も、持ち物も、使いきれない素晴らしい物を、あなたはすでに持っています。

そして、**何よりの素晴らしい持ち物は、「現状でいい」と満足する知足の心**です。その心を養っていかないと、いつまでも不満ばかりの人生になってしまいます。

過去を思わず、未来を憂えず、「今」を生きる

「あのとき、ああしておけばよかった」「昔はよかったのに今は……」と過去に引きずられて生きている人がいます。一方で、「将来はこうなりたい」「このままでは、将来まともな老後が送れない」と夢見心地のように未来を想像している人もいます。

ところが、過去は戻って来ませんし、未来はまだ来ていません。

仏教ではよく「過去でも未来でもなく、今を生きろ」と説きます。今一瞬とまで言わなくても、せめて「今日を生きろ」と説くのです。

その理由の一つが、過去にこだわり、未来を夢想して、現実をしっかり生きようとしない人への警告です。

もう一つの理由は、「過去に戻ることもできず、未来を生きることもできない私たちは、今日を生きるしかないではないか」という道理をとことん納得して、今日の縁を大切にして生きていくためです。

お釈迦さまの悟ったことの一つは、「この世のすべての物は、刻一刻と変化してし

まう」という諸行無常でした。私たちの肉体も心も、自然も政治も経済も常に変化してしまうので、その物固有の実体はありません。「前はそんなこと言ってなかったじゃないか」と怒っても仕方がなく、「大切な物が壊れてしまった」と嘆いても仕方ありません。縁の変化にともなって結果も変わるのが世の習いなのです。

すべては変化してしまう性質を持っているのですが、その中で確実なことが一つだけあります。それが〝今〟です。あらゆる条件がそろっているのがたとえ一瞬でも、確かにこの条件は、今はそろっています。

今、私が本項を書いているのも、膨大な縁がそろった結果です。明日でも書けたかもしれませんが、明日になれば書き方が変わるかもしれません。「書く条件がそろった今のうちに書いておこう」と思って、今、この文章を書いています。次に、こんな条件がそろうのはいつになるかわかりません。下手をすれば二度と来ません。

まるで、今を積極的に生きましょう！　と勧めるような書き方をしていますが、つらいこと、悲しいこと、苦しいことの条件がそろってしまえば、じっとして、耐えることもいいと思います。**大切なのは「過去に戻ることはできないし、未来を生きることもできない」としっかり納得して、今を生きること**なのです。

幸せをつかむ人、逃してしまう人

出家していない人を在家《ざいけ》と言いますが、その在家の方々が、鈴鉦《れいしょう》を鳴らしながら日本語で唱える仏教讃歌をご詠歌《えいか》と言います。私はそのご詠歌をお伝えして三十年になります。ご詠歌を習うのは六十歳から九十歳のご年配の方々。この方々との会話が、私の大切な情報源の一つです。

あるとき、ご詠歌の仲間二十人にこんな質問をしました。

「何を幸せと感じるかは、人それぞれですが、自分では思いもよらないことで幸せを感じる人もいるもの。そこで、自分の幸せの範囲を広げるために、お一人一つだけ、何が幸せかをお聞かせください」

健康、家族との団欒《だんらん》などが主だった幸せでした。意地の悪い私は言いました。

「でも、それって、死ぬ間際では通用しない幸せですよね。健康でなくなるから死んでしまうし、家族団欒もできなくなるのですから。死ぬ間際でも幸せって思えることはありませんか」

すると八十歳を越えたご婦人がこんなことを言いました。

「私の友達は、もうすぐ亡くなるというときに、家族に向かって『長い間いろいろ迷惑をかけてすまなかったね。ありがとうね。私は幸せだったよ』と言って息をひき取ったんです。遺族は長年の苦労がそのひと言で消えたと言っていました」

葬儀の現場を多く経験する私ですが、遺族に詫びと感謝を残し、そんな自分は幸せだったと言い残して亡くなる方は、そのエピソードが、長い間語りつがれます。単に「私は幸せだったよ」とだけ言い残した人の場合は、「残された人の気持ちも知らないで、自分だけ幸せで死んじゃった。いい気なものだ」と言われることがあります。

「申し訳ない」と思い、「ありがとう」と感謝する気持ちのない人は、せっかくの幸せを逃がしてしまっているのです。

自分がおかげの中で生きていることを知って感謝し、知らずに迷惑をかけたかもしれないことを謙虚に謝り、そのように生きている自分は幸せ者だと納得できる人は、幸せをつかむ人です。

これは死ぬ間際に幸せになる方法ではなく、生きている間にわかっておいたほうがいいことです。

「自分らしさ」は一つではありません

「らしい」という接尾語の意味を辞書で調べてみると、〔……としての特質をよくそなえている。いかにも……の様子である。……にふさわしい、などの意を表わす。「男らしい」「子どもらしい」「学者らしい」など〕とあります。

この用法の中で、よく聞くのが「自分らしい」。この言葉に、いったいどれほどの人たちがふりまわされているのでしょう。失礼な話かもしれませんが、自分探しをしている人の言う「自分らしさ」に、喜劇性さえ感じてしまうことがあります。

仏教的に言えば、「自分らしさ」などありません。人の心のあり方は常に変化しているので、仮に「これが自分らしさだ」と発見したところで、すぐに「自分らしさ」は変化してしまいます。

常に形を変えている自分らしさを探しても、見つかるはずがありません。何にでも変身できるお化けを探しているようなものです。

それでも、私たちは誰かのことを「真面目なあの人らしい対応だ」と感心し、「のんびり屋のあの人らしい言い方だ」とホンワカします。自分のことでも「あわてんぼうの私らしいや」と苦笑いし、「好き嫌いがはっきりしている私らしい」と胸を張ります。そのいずれもが、その人がそなえている特質でしょう。

しかし、その特質は一つだけではありません。そそっかしくて、力持ちで、優柔不断で、恥ずかしがり屋で、優しくて……など、山のようにあるその人の特質のうち、たった一つを「らしさ」で表わしているに過ぎません。こうした「らしさ」の誤解はなるべく減らしておいたほうがいいでしょう。

「自分らしく生きたい」と思うなら、自分の中にある特質すべてを認めて生きていく以外に方法はないのです——と言うより、どんな生き方であれ、それこそが全部まとめて、得体も知れず、見つけようもない〝自分らしさ〟なのです。

こう書くと、「それなら、ありのままでいいのか」と何の努力もしない人が出てくるかもしれないので、つけ加えておきますが、ディズニーの映画音楽で有名になった「ありのままでいい」を、中途半端に解釈して納得すると、自分の心がどんどん小さく黒くなって蟻のようになり、「(自分は) 蟻のままでいい」なんてことになりかねません。蟻にならずに、〝向上心あふれるあなたらしく〟生きてください。

仏教が教える「優しい人」の条件

小さなお子さんを持つお母さんに「どんな人になってほしいですか」とお聞きすると、多くの方が「人の心がわかる人」「優しい人」になってほしいと言います。

おそらく、ご自身が夫や周囲の優しさに包まれて幸せを感じているから、わが子にも人を幸せにしてあげられる人になってほしいと願っているのでしょう。

もしくはその逆で、夫も周囲も優しさが足りなくて、切なく、苦々しい思いをしているので、わが子にはそんな人間になってほしくないという思いからかもしません。

多くの人は社会で生きていくには、「あの人、優しいよね」と優しさが大切だと思っているでしょう。しかし、自分のことになると話は別で、「たくましくないと生きていけない」と、いつの間にか優しさよりもたくましさ優先になっている人が多い気がします。あなたはどちらでしょう。

優しさを仏教で言えば慈悲です。慈は楽を与え、悲は苦しみを除くことを言います。

他者へのこうした優しさは、自分と他者との共通点に気づくことがスタート。「男

（女）どうし」「出身地が一緒」「共通の趣味」「同僚」「家族」から、果ては「今日生きている者どうし」に至るまで、**〝自分と同じ〟という思いが、他者への共感につながります。**

共通点に気づくことを土台にして発生する慈悲は、四つの行動に分類されています。四摂《ししょう》と言います。摂は、他者の心を取りこんで慕われるという意味。左にお伝えする四つの行動ができている人のまわりには、放っておいても人が集まってきます。

一つは、無条件で何かする布施《ふせ》の実践。「～してあげるから、私にも～して」は条件を付けているので布施とは言いません。

二つ目は、優しい言葉を使う愛語《あいご》の実践。

三つ目は、人のために何かする利行《りぎょう》の実践。何でも自分優先では、ついてくる人はいません。

四つ目が、相手の立場に立ち、一緒に行動する同事《どうじ》の実践です。

あなたの周囲にいる素敵な人のことを思い出してみてください。おそらく、この四つができている慈悲にあふれた人でしょう。あなたも他者との共通点に気づくことから始めてみてください。

落ちこんだときこそ「飛躍のチャンス」

心の支えを失い、意欲がなくなるという意味で「心が折れる」と言うようになったのは、一九九〇年頃だそうですから、かなり新しい用法です。芥川龍之介も使っているようですが、それは「心が相手に向かう」という用法――と、ここまではインターネットからの情報ですが、私はひそかに「心が折れる」は、英語の broken heart（失恋・失意）の訳から使われたのではないかと思っています。

喉の渇きに耐えながら、向こうに見えるオアシスまでたどりつこうと懸命になって行ってみたら、目の前で最後の水をラクダが飲んでしまったような状況。ガックリ膝を折ってすわりこみ、茫然《ぼうぜん》自失で、もはや何の気力も出ないようなことを「心が折れる」と言うのでしょう。

英語には break a leg という表現もあって（これは私が一九八〇年ころに習った言葉なので今でも通用しているか疑問ですが）、ステージに上がる役者や歌手などに、スタッフがかける「がんばって！」の意味。語源は諸説あるようですが、「足、折っちゃえ！」と言われれば「そういうわけにいくか！」とがんばることからの用法ではないかというのが、これまた負けず嫌いな私の個人的な推測。

生きていれば、何度か心が折れるような状態になることがあるでしょう。「今までやってきたことは何だったんだ」と、予想さえしない最悪の結末を迎えたシナリオを前にして、愕然《がくぜん》とします。急に周囲が暗闇で閉ざされるような感覚になります。

そのときは、折れた心は元に戻らないと思うかもしれませんが、ぷっつりと糸が切れたわけではありません。再生へのかすかな力が残されているものです。木でたとえるなら、柳の枝が折れたようなものです。柳の枝の皮はとてもしなやかで、中が折れても皮がちゃんとつながっています。

失意の中で膝を折ってしゃがみこんでいる姿勢は、ジャンプする前に膝を曲げている状態と同じです。違うのは、頭を垂れているか、上を見ているかです。

心が折れたときは少し時間をあけて、大きく息を吸いながら、うなだれた顔をゆっくり上げましょう。そして、「よし、大丈夫」と自分に言いきかせて、両手を両膝に当ててジャンプしてください。

しゃがみこんだときこそ、ジャンプのチャンスなのです。

「つい比べてしまう」ときはこう考える

辞書を見ると「比較○○学」という学問がたくさん並んでいます。どれも、二つ以上の対象を比較することで、相違点や共通性、あるいは本質的なものを明らかにする学問です。欧米人は日本人に比べて寒さを感じないらしいという話（都市伝説？）を聞くと、「欧米人が冬に半袖で歩いているのは、やせ我慢をしているのではなく、そういう理由だったのか」と納得できます。

学問の分野だけでなく、比較することで「他社に負けている」「他社を追い抜いた」と優位を保とうとするのは、企業でもよく行なわれることでしょう。

ところが、他と比較することで生みだされるものの中に、悪しき副産物があります。優越感と劣等感です。

なにゆえに〝悪しき〟なのかと言えば、優越感は自分がすぐれていると思って、劣っている者を軽蔑し、見下すようになるからです。人としてアウト。嫌な奴です。そして、劣等感は他と比較して、自らを蔑《さげす》むことです。これでは心が萎えてしまいます。

では、**どうすれば悪しき優越感や劣等感を捨てられるかと言えば、〝比較対象を持たない〟ということでしょう。**比べるものがなければ優越感も劣等感も生じません。私は白足袋を十足持っています。そのことに私は優越感も劣等感も感じません。私にすれば、十足あればいいのです。

あなたの持っている物やお金も同じこと。足りないと思えば増やせばいいのであって、他人の持ち物やお金と比べる必要はありません。

私はこうして本を書かせてもらっていますが、書かせてもらう場を与えてもらったので、精一杯書くだけです。直木賞作家の文章に（文章を書くテクニックのお手本にすることはあっても）劣等感を抱くことはありません。執筆依頼のないお坊さんに対して優越感を抱くこともありません。あなたの持っている才能も同様に、自分なりに精一杯活かせばそれでいいのです。

それでも比較が好きな方は、比較○○学のように、何のために比較するか明確にすることをお勧めします。劣等感を抱くために比べる人はいないでしょうが、優越感を得る目的なら、やめておいたほうが身のためです。

〝心の中の財産〟は一生なくならない

仏教ではこだわり（執着）は心を乱す元になるから、なるべく離れておきなさいと説きます。極端な話では、仏教徒の最終目標の〝悟りを開くこと〟にさえこだわるなと説きます。悟りは心が何者にも邪魔されない自由自在な境地で、こだわりはそれを妨げるとするのです。

何かにこだわると、それが無くなったり、盗まれたりして失うのが心配になり、守るのに必死になります。文字通り死守したくなるのが〝こだわり〟ですから、心おだやかでいられません。

こうしたこだわりの心から離れるために、仏教では諸行無常《しょぎょうむじょう》・一切皆苦《いっさいかいく》・諸法無我《しょほうむが》・涅槃寂静《ねはんじゃくじょう》などの教えを説きます。すべては縁の集合体で、縁は次々に変化してやまないので、どんなものにも不変固有の実体はありません。それなのに、実体があるかのように考え、ずっと同じ状態がつづくと思いこんでしまうので苦が生じます。実体がないので、こだわっても仕方がありません。

こうしたことを心に刻んで過ごせば、心が自由になりおだやかになるとするのです。

ひるがえって、「あなたのいちばん大切な物、こだわっている物は何ですか」とインタビューを受けたとしましょう。いったいどう答えますか。

お金、健康、信頼など、さまざまな答が出るでしょう。中には「べつに大切な物、こだわっていることはない」と悟ったような答えをする人もいるかもしれませんが、多くの場合「そんなことは面倒くさくて、考えたことがない」という意味で、仏さまの心境とは似て非なる物。一般的に、何か大切にしたい物があるでしょう。

私は**盗まれる心配もなく、無くなる心配もない物を大切にしたい**と思います。誠実さ、思いやり、新鮮な気持ちなどはその価値があると思います。お金、健康、物などは無くなる恐れがあります。無くならない物は、やはり心の中にある財産です。

家族で暮らしている私は、家庭内の心のしがらみを大切にしたいと思います。

僧侶としての私は、仏教の考え方をお伝えして、多くの方に心おだやかになっていただきたいと願う心、自分もいつかはどんなことが起こっても心がおだやかでいたいと希求する心は、大切にしたいと思うのです。

しかし、それにこだわれば心が自由自在になれません。とほほ。道のりは遠しです。

幸せそうな人には共通点がある

幸せそうな人には共通点があるそうで、ネットで調べたらたくさん出てきました。

曰く「過去を振り返らない」――芸術家が「今までの最高傑作は何ですか」と質問されると、「次に作る作品です」と答えます。アッパレだと思います。過去にとらわれず、いつも明るい先を見る癖がついているのです。仏教で弟子になったときに戒名をもらうのも、過去を振り返らずに、悟りという目標に向かうためです。

曰く、「他人の評価を気にしない」――幸せは自分で決める問題です。他人が下す評価から「私は幸せだ」と判断しても、他人の評価はころころ変わりますから、安定していません。安定した幸せ感は、他人と比べず、他人の評価も気にしないで、自分で「私はこれでなかなか幸せ者です」と気づくしかありません。いかにたくさんのおかげに気づき、感謝しているかが幸せへの鍵です。

曰く、「いつも笑顔」――おかげを感じられれば、いつも笑顔でいられます。

曰く、「物や地位などに執着しない」――物や地位などで自分を飾らなくていいと気づけるかどうかです。美味しいお酒に肴《さかな》は不要です。この命と心は何も飾る必要がなく、そのままで素晴らしいのです。

曰く、「素直な人」――これは他人の言うことに素直に耳を傾けるという意味です。聞く耳を持たない人は、ひねくれ者です。心が冷たい人は生活もまた冷たいように、ひねくれた人の生活もねじ曲がったものになります。

曰く、「心を許せる親友が数人いる」――これは承服しかねます。親友がいる人は幸せですが、親友でなくても友人が数人いるだけで幸せな人はいます。相談にのってくれる友人がいるだけで、私は幸せです。親友など簡単にできる物ではありません。

曰く、「どんな環境も意味がある物だと受け取る」――これも納得できません。環境に意味があるのではなく、自分を高めるために、環境に対して自分なりの意味づけをしている人が幸せなのです。

ネットでいくらでも探せるこうしたポイントを、そのまま鵜呑みにしてはいけません。参考にする程度で、あとは自分の頭で考えましょう。

ちなみに、余計なものをためずに減らしている人も、幸せになれるでしょう。

「あなたは幸せ者だね」と言われたら？

私は周囲から好き勝手に生きているように見えるらしく、先輩から「お前は幸せだぞ」とよく言われます。言われるまでもなく、私は自分で幸せ者だと思います。

ヘレン・ケラーは「本当の幸せを誤解している人が多い。それは自分の欲求を満たすことではなく、価値ある目的に忠実に取り組むことだ」と言いました。

そのように、私は自分だけ幸せを享受していては申し訳ないと思うので、人さまのためになると思うことに取り組もうと、淡々と、色々やっているつもりです。――と、こんな気負った書き方をするようになったのには、わけがあります。

私が「あなたは幸せだ」と言われたとき、「あなたのような幸せな人ばかりでないことに気づかず、他者への配慮に欠ける」、あるいは「その幸せを自分で気づかず感謝もしない」という批判めいた言葉として受けとっていた時期がありました。こうした反発精神が「幸せは自分で決めることだ。他人に私の幸せを決められるいわれはない」と、独りよがりの幸福論へ変化していったのです。三十代半ばのことでした。

その頃、「あの人と比べて私は不幸だ」「あの人に比べれば私はまだ幸せだ」と、他人と比較してしか自分の幸、不幸を感じない人たちに向けた「幸せは自分で決めれば、それでいい」という言葉を、あちこちで見聞きするようになりました。

確かに、幸せは自分でそう思うか、思わないかです。自分が幸せだと思えば幸せですし、不幸だと思えば他人から「あなたは幸せだ」と言われても納得できません。

しかし、ここに一つ大きな落とし穴があります。幸せの自己決定権は、そのまま「幸せとはこういうものだ」という思い込みにつながる危険があるのです。

「私は幸せです」と堂々とおっしゃる方が増えてきたのはよいことだと思います。しかし、「私はこれで幸せだと思っているのに、私よりずっとマシなあなたは、幸せだと思っていないではないか」と思うようになると、人さまに「あなたは幸せだよ」と〝幸せの押しつけ〟をする危険があるのです。〝幸せの自己決定権〟と〝幸せの押しつけ〟の堂々巡りが始まります。

人から「あなたは幸せだ」と言われて、私のように自分も人さまに幸せを押しつけていることに気づく人もいますが、そんなことは考えたこともなく、幸せの押しつけをしてしまっている人もいます。ご注意ください。

人の幸せに共感できるのも幸せなこと

「自分の幸せ」に他人の目は関係ない――と書くと、「そうだ。幸せかどうかは自分で決めればいいのであって、人から『あなたは幸せなのに、それを感じていない』などと説教される筋合いはない」と思う人がいるかもしれません（かつての私です）。

確かに、他人から「あなたの幸せはこういう物だ」と決めつけられるのは心外です。多くの人が信仰を強制されることに嫌悪感を抱き、アレルギーを持つのは、そのような〝狭量な幸福感の押しつけ〟が原因でしょう。

しかし、「自分にとっての幸せはこれである」と決めつけてしまうと〝幸せ〟の範囲がかなり狭くなる可能性があります。人によって、何が幸せかは異なります。

お金や財産を幸せの尺度にする人もいれば、健康こそ幸せの元だとおっしゃる人もいます。友人がいることに幸せを感じる人もいれば、趣味に夢中になっているときに幸せ度数の高い人もいます。平凡な日々こそ幸せの証と考える人もいます。

右のうち何か一つで幸せな人もいれば、二つがそろって幸せな人もいます。中には、不幸じゃなければそれで幸せと考える人もいるでしょう。尊いお坊さんのように、みんなが幸せになることが自分の幸せだと崇高な幸福感を持つ人もいます。

このように、人が何に幸せを感じるかは千差万別。自分の幸せがそのまま他人に当てはまるわけではありませんが、他の意見を聞いて「なるほど、毎日食べられればそれで幸せという考え方もあるな」と思って、食事を噛みしめるようになることもあります。「叱ってくれる人がいるのも幸せなことなのか」と気づかされることもあります。

せっかく多くの幸せがあるのに、「自分にとっての幸せはこれ！」と凝り固まってしまうのは勿体ない気がしますし、他人の幸せに共感できない心の狭い人間になってしまうのではないかと危惧するのです。

何人かで集まったときに「あなたにとって幸せとは」とラフな気持ちで、語ってみるのも面白いものです。

「えっ！　そんなものは幸せじゃないでしょ」「そんなことで幸せなんて信じられない」なんて、他の幸せ感を受けいれられないようでは共存できません。

民族、国家、宗教間でそれが起きれば戦争に発展するでしょう。向こう三軒両隣の人間関係でも小さな戦争を起こさぬよう、心を大きくしておきましょう。

自分のご都合（欲）から離れてみる

仏教では昔から、世間の価値観から離れることを大切にします。世間の価値観をざっくり言えば〝欲〟です。お金の欲、地位や名誉の欲、人から好かれたい欲、嫌われたくない欲など、世間はさまざまな欲がひしめき合っています。それに溺れてしまうと、欲というフィルターで物事を見てしまうので、本当の姿が見えません。

いつでも、どんなことが起こっても、心がおだやかでいることを目指す仏教は、「そのフィルターをはずさないとダメですよ」と説きます。

欲の目で見れば、物事は安定しているように見えます。自分はいつでも自分だと思います。信頼関係はつづくと信じます。手に入れた物は自分から去っていかないと考えます。

しかし、物事の本当の姿は無常です。不変の善し悪しもありません。嫌だと泣こうが喚《わめ》こうが、変化してしまうのですから、こだわっても仕方がないのです。

それがわからないと、苦しみが多くなります。だから「物事は安定している」「安定しているのがいい」という世間的な思いから離れたほうがいいと説きます。

世間では日々喜怒哀楽の感情に翻弄されます。これも仏教が目指す境地ではありません。特に、怒哀悲苦などのマイナス感情はなるべく減らしたほうがいいので、仏教ではその原因を探し、「マイナス感情は自分の都合通りにならないことがもとになっている」、つまり、自分の都合という欲を優先しているのが問題だとします。

世間的には「意にそぐわないから怒り、悲しみ、苦しむのは当たり前」と考えますが、仏教の世間から離れる考え方では「だから、都合（欲）を少なくしていけ」と説くのです。

では、世間の価値観から遠ざかるには、どうしたらいいのでしょう。

仏教では、物理的に離れてしまえと出家を説きます。家族や社会から離れた（人里から離れた）場所（寺）で生活するのです。これは社会からの逃避ではありません。あえて距離を保つことで物事の本当の姿を見つけ（ここが引きこもりとは大きく異なります）、心おだやかになるためです。

たまには〝欲〟から離れたことをしてみませんか。社会的に役に立たないこと（趣味など）に没頭するのもよい方法です。ゲームは勝ち負けがあるからダメですよ。

「いい一日だった」と思える夜の増やし方

仏教では、どの宗派でも座禅や瞑想《めいそう》を大切にします。外の世界から自分を遮断して内面を掘りさげるため、また静かに自分と外界とのつながりを意識するためにとても大切だからです。

瞑想や座禅をするときは、まず呼吸を整える呼吸法から入ります。長く深く深呼吸するのです。

私は「まず息を吐きなさい」と教えられました。なるほど、言われてみれば呼吸の「呼」は「息を吐く」という意味。息を吐いてから吸うことを「呼吸」と言うのです。

この自然なリズムを一日に当てはめて考えると、夜が「呼」の時間だと思うのです。昼間吸い込んだ情報をゆっくりと吐きだすのが夜なのです。そして、多くのことを吸収している昼間が「吸」です。

吐きだすと言っても、垂れ流しのイメージではありません。昼間に吸った物を漉《こ》して余分な物を吐きだし、あるいは、吸い込んだ物を反芻《はんすう》し、整理してアウトプットする大切な時間だと思うのです。

腹の立つことがあった日は、夜になって「あんなことで腹を立てるようではまだまだ」と思います。

古歌に「濁り水でも静かにすれば、いつの間にやら澄んでくる」がありますが、それと似たような物です。静かにするのが夜なのです。

嬉しいことがあった日の夜には「これでどうして、自分は幸せだ」という思いを心にしみこませます。

そのような「呼」のための静かな時間（五分でも十分でもいいのです）を、無理にでも作ることをお勧めします。カラスの行水の私にはハードルが高いですが、お風呂の湯船に浸かっているときがお勧めかもしれません。

私の場合、住職室というプライベートスペースがあるので、パソコンのスイッチを切り、静かな音楽（窓を開けられない季節は自然の音が一緒に録音されているもの）をBGMにして、窓から外の景色を眺めながら、その日のことに思いを馳せます。

そんな夜を過ごすことが多くなると、「いろいろあったけど、面白い一日だった。いい一日だった」と思える日が増えてきます。

「何も起こらなかった日」こそありがたい

刺激が多い日本で暮らして、いささか疲れ気味になっている人は多いでしょう。「何か面白いことないか」とキョロキョロ探しまわり、あっちへ行っては「なんだ面白くない」と不貞腐《ふてくさ》れ、こっちへ来ては「たいしたことないや」と関心を広げないで、再び刺激を求めて、心は放浪の旅。

仮に何か夢中になれることがあっても、すぐに飽きてしまい、別の何かを探し求める日々。まるで、辛い食べ物を求めて飽き、次は酸っぱい物にとびついて退屈になり、苦い物に移動して三日坊主、甘い物に興味をそそられてもすぐに欠伸《あくび》が出る始末。これで疲れないはずがありません。ついには、心身ともに虚無感に包まれ、「何をしてもつまらない」と捨て鉢になります。

こうしてくたびれてしまった人が、誰かに助けてもらって日常生活を送れるようになって、口をそろえておっしゃるのは「普通が何よりです」「何も起こらなかった日こそ、ありがたいのが身にしみました」という意味の言葉です。

私は「何も起こらなかった日が一番」と思えるようになるには、何か大きな悲しみや恨み、あるいは挫折や苦悩や不幸などを経験しないと難しいと思うのです。呑気《のんき》に平和に過ごしている人は「普通でいい」「何も起こらない日でいい」と思う物ですが、「普通がいい」「何も起こらなかった日がいい」と〝が〟を強調して、強烈に思うようになるには、大きなきっかけが必要です。

そして、一度〝普通がいい〟と思うようになれば、その後は心がおだやかでいられます。周囲の刺激に、いちいち敏感に反応せずに生きていけるようになります。

冒頭で触れたように、日本は刺激が多い国ですし、そういう時代ですから、ガックリと首を垂れたくなる事態に遭遇するでしょう。しかし、そのとき「やっと、普通がいいことに気づけた」と思えば、悲しみも挫折も悪いことではありません。それが心の負担を減らすきっかけになるのです。

できれば、普段から「普通もいいかもしれない」「何も起こらなかった日もいいかもしれない」と自問自答してみるといいでしょう。

幸か不幸か、私は四十代で「普通がいい」「何も起こらなかった日こそ素晴らしい」と思うようになりました。何がきっかけだったかは、まだ笑って話せないので内緒。

人間みんな、死ぬときは〝丸裸〟

極楽浄土は阿彌陀《あみだ》さまが統治する仏の国。仏さまにはそれぞれ浄土があって、それはあたかも、私が自分の精神世界を持っているようなものです。バリアが張られていて他の人が入りこむことはできません。

それぞれの人が持っている精神世界を、どんどん大きくしていくと、自他、彼此の区別がなくなると言いますが、私がそれを実感できるのは、年に数十分がいいところです。

話を極楽浄土に戻します。お経には、極楽浄土は衣食住に困ることなく、どこもかしこもきれいに飾られ、鳥は美しい声で歌い、花粉症の心配のない花が咲き、一年中春のような気候だと描写されています。そこで、思いっきり修行して悟りを目指そう！　というのが、浄土系の仏教の一つの考え方です。

別の系統の仏教では、「極楽浄土じゃなくても、考え方、感じ方さえ変えれば、この世がそのまま浄土です」と説くものもあります。

とは言え、一般的に極楽浄土は、何かと悩みが多く、煩わしいことも多い私たちが住む娑婆《しゃば》世界（娑婆は梵語のサハーの音写。意味は耐え忍ぶ所）とは異なる、心が安らかになる別世界のことを言います。きれいな場所に行くと「まるで極楽浄土みたい」と言うのがそれです。

ところが、私は日常の中で一人「極楽、極楽」と言ってしまうときがあります。それは、お風呂の湯船に浸ったとき。どうしてか考えてみると、何も着ていない、裸の自分でいるからだと気づきました。言いかえれば、飾りをつけていないからなのです。

私たちは生まれたときも裸でした。飾りなど何もつけていないのに、命の輝きに満ちて、他に何の飾りも必要ありませんでした。それが長じるにしたがって、さまざまな飾りをつけ始めます。それは衣食住のすべてにわたり、心にも張りぼてのようにペタペタと見栄や慢心、虚栄心や自己嫌悪に至るまで、素直な心をすっかり覆いかくすまで飾りたてて生きるようになります。

一人で湯船に身を沈めると、心に貼った飾りもペラペラとはがれるのでしょう。だから、無意識に「極楽、極楽」とつぶやいてしまうのだと思うのです。

私たちは死ぬときも丸裸。今のうちから、徐々に飾りを減らす努力をしませんか。

心配しなくても、自ずと道は見えてくる

私たちは、これをしておけばこうなるだろう、これをしておかないとこうなるだろうと、先を予測して生きています。お酒を飲みすぎれば肝臓がやられるだろう。煙草を吸いすぎれば肺ガンになるかもしれない。貯金しておかないと突然の出費で困るだろう。人を裏切れば恨まれるだろう。

おっと失礼。悪いことばかり書きましたが、よいことだって予測できます。人に情けをかけておけば、やがてそれが自分に返ってくるだろう。資格を取っておけば、仕事に困らないだろう。欲を出さなければ、だまされることはないだろう。暴飲暴食をしなければ、健康でいられるだろう。

ところが、こうした予測が立たないような心配をする人がいます。「どうなってしまうのだろう」とだけ心配している人です。

このまま仕事をつづけてどうにかなるのだろうか。このまま結婚しなかったらどうなるのだろう。年を取ったらどうなるのだろうと心配しているのです。こうした出口

のない思考を〝悩む〟と言います。悩んでいるだけでは、出口は見えないので、ますます悩むことになります。

しかし、ご安心ください。心配しなくても大丈夫。悩まなくても大丈夫。自ずと道は見えてきます。

仕事をつづけていけば「つづけていても何も変わらない」ことに気づきます。そして、そのままではダメだとわかり、「ではどうする？」と考えることで道が見えてきます。結婚しないでいても「まあ、独身は独身で気軽でいい」と納得する道が見えてきます。もしくは、「寂しいから、やはり伴侶を探そう」という道が見えてきます。

年を取ったらどうなるのだろうと悩んでいても、勝手に年を取っていきますから、「なるほど、年を取ると経験値が増すのだな」とわかります。そして、「それなら、その経験値を活かして若い人を引っぱっていこうか」という道も見えてきます。

このように、心配しても心配せずとも、悩んでも悩まなくても、そのときになれば自ずと先は見えてきます。

ですから、**少なくとも、先の予測が立たないことを、ことさら心配するには及びません。普通に暮らしていて大丈夫ですよ。**

参考文献

『座右版　寒山拾得』久須本文雄著（講談社）
『白洲正子自伝』白洲正子著（新潮社）
『仏教名言辞典』奈良康明編著（東京書籍）
『仏家名言辞典』金岡秀友著（東京堂出版）
『ふらんす小咄大全』河盛好蔵編訳（筑摩書房）

本書は、本文庫のために書き下ろされたものです。

名取芳彦（なとり・ほうげん）
1958年、東京都江戸川区小岩生まれ。密蔵院住職。真言宗豊山派布教研究所研究員。豊山流大師講（ご詠歌）詠匠。密蔵院写仏講座・ご詠歌指導など、積極的な布教活動を行なっている。
主な著書に、ベストセラーとなった『気にしない練習』『般若心経、心の「大そうじ」』のほか、『仏教が教えてくれる「お別れ」のしかた』『実践編　般若心経　こだわらない生き方』『「正しいこと」にとらわれなくても大丈夫』（以上、三笠書房《知的生きかた文庫》）、『心がすっきりかるくなる般若心経』『こだわらない。』『これがわかれば』など多数がある。
日本テンプルヴァンＨＰにて「名取芳彦のちょっといい話（全２００話）」も好評。
◎元結《もっとい》不動　密蔵院
東京都江戸川区鹿骨４－２－３
◎もっとい不動　密蔵院ホームページ
http://www.mitsuzoin.com/

知的生きかた文庫

ためない練習《れんしゅう》

著者　名取芳彦《なとりほうげん》
発行者　押鐘太陽
発行所　株式会社三笠書房
〒一〇二－〇〇七二　東京都千代田区飯田橋三－三－一
電話〇三－五二二六－五七三四〈営業部〉
〇三－五二二六－五七三一〈編集部〉
http://www.mikasashobo.co.jp
印刷　誠宏印刷
製本　若林製本工場

ISBN978-4-8379-8388-0 C0130

知的生きかた文庫

気にしない練習
名取芳彦

「気にしない人」になるには、ちょっとした練習が必要。仏教的な視点から、うつうつ、イライラ、クヨクヨを"放念する"心のトレーニング法を紹介します。

般若心経、心の「大そうじ」
名取芳彦

般若心経の教えを日本一わかりやすく解説した本です。誰もが背負っている人生の荷物の正体を明かし、ラクに生きられるヒントがいっぱい！

禅、シンプル生活のすすめ
枡野俊明

求めない、こだわらない、とらわれない――「世界が尊敬する日本人100人」に選出された著者が説く、ラク～に生きる人生のコツ。開いたページに「答え」があります。

道元「禅」の言葉
境野勝悟

見返りを求めない、こだわりを捨てる、流れに身を任せてみる……「禅の教え」が手にとるようにわかる本。あなたの迷いを解決するヒントが詰まっています！

空海「折れない心」をつくる言葉
池口恵観

空海の言葉に触れれば、生き方に「力強さ」が身につく！　現代人の心に響く「知恵」が満載！　「悩む前に、まずは行動してみる」ことの大切さを教えてくれる一冊。

C50268